Ⓢ新潮新書

三枝玄太郎
SAIGUSA Gentaro

メディアはなぜ左傾化するのか

産経記者受難記

新潮社

まえがき

埼玉県川口市である問題が勃発している。1990年代以降トルコから移住してきたクルド人と地元住民との間に軋轢《あつれき》が生じているのだ。僕が2~3人の川口市民から聞いただけでもゴミ問題、公園の使用方法、コンビニにたむろして若い女性に声をかけるなどの行為、クルド人の若者の危険な運転など、深刻な問題だという話だった。

だがメディアでは産経新聞グループや読売新聞以外はこうした負の側面を取り上げない。テレビを含めてメディアは、彼らクルド人がいかにトルコ政府から抑圧され、虐げられたかという側面しか取り上げない。

そんななか、元時事通信経済部記者でフリージャーナリストの石井孝明さんがクルド人ら11人から3月19日、500万円の損害賠償訴訟を提起された。司法記者クラブで日本クルド文化協会の事務局長らは会見し、「(石井さんの)SNSで一方的にデマが拡散され、子供がいじめにあうなどクルド人には大きな被害や影響が出ている」と訴えた。

この件のネットニュースの見出しにメディアの立ち位置が如実に表れている。

産経新聞は「川口のクルド人ら11人、日本人ジャーナリストを異例の提訴 『人権侵害だ』500万円請求」、朝日新聞は「在日クルド人に関する投稿『特定の民族への差別』 フリー記者を提訴」、東京新聞は「差別的な投稿で名誉を傷つけられた…川口のクルド人たちが石井孝明氏に慰謝料など500万円を求めて提訴」。朝日、東京は石井さんの投稿は「差別的投稿」だと決めつけているかのようだ。

これに限らず、朝日、毎日、東京新聞などの左派紙といわれる新聞は、クルド人と地元住民との間の軋轢については極力目をつむる。ともすれば、産経新聞や石井さんのような報道は「ヘイト」扱いされる。

思想信条は自由だ。クルド人というだけで排斥してはならない。彼らの政治的、経済的な自由はできる限り保証すべきだと思う。しかし、だからといって、今、川口で起きている問題に目をつぶって、彼らをかわいそうで抑圧された存在とだけ報じることが、真実を伝える報道といえるのだろうか。

むろん、一部右翼系団体のようにわざわざ埼玉県まで出かけて行って「クルド人は出ていけ」とデモをするのは首肯できない。だが、住民の不満や不安、トラブルの実態を伝えるだけで、「ヘイトだ」と言いがかりをつけるようなスタンスでは、事実に立脚した報道からかけ離れる一方ではないか。

実はこうした構図は、30年近く産経新聞の記者として働いていた僕にとっては目新しいものではない。かつて僕は、大韓航空機爆破事件を「韓国のでっち上げではないか」と言い張る通信社の記者と論争になったことがあった。また、のちに殺人で逮捕される人物を冤罪のヒーローだと信じている記者とも言い合いになったことがある。

大学時代から過激な学生運動に身を投じ、メディア業界に進み、そうした人々が幹部になり、採用を担当する立場となり、また新たな人材が供給される。自分たちのイデオロギーの邪魔になるものは、極力、国民の目に触れさせない、という「ドグマ」があるのだ。これが報道機関の果たすべき役割だろうか。右だろうが左だろうが、事実の前には謙虚になるべきではないのだろうか。

本書は、1991年に産経新聞に入社して2019年に退社するまで、記者として僕が経験したことの記録である。華々しい手柄話よりは、失敗やトラブルが多いこともあって、タイトルに「受難」の言葉を入れた。何せ冒頭はクビを宣告される話なのだ。

僕は評論家や学者ではなく、ずっと現場で這いずり回ってきた記者なので、大所高所から「メディアの左傾化」を論じるつもりはない。ただ、現場でしか見えてこないメディアの実情というものがある。産経新聞は往々にして「右翼の新聞」と誤解されている。しかし、それが不当なものであることは、本書を読んでいただければおわかりになるだろう。同時に、多くのメディアが左傾化する事情も何となく見えて来るはずだ。

また、そうした堅苦しい話を抜きにして、新聞記者が現場でどういうことをしているかについて、肩の力を抜いて楽しんでいただけるようにも書いたつもりだ。令和の今となってみると、かなり乱暴な話もあるのだが、ご容赦いただければ幸いである。

メディアはなぜ左傾化するのか　産経記者受難記——目次

1 「会社を辞めろ」と言われた日

退職勧奨

ノックしてドアを開けると、そこはうす暗く、狭い部屋だった。鳥居洋介・産経デジタル社長が座っていた。その脇を固めるように二人の男性が座っていた記憶があるが、その二人の表情は、のっぺら坊のように全く記憶がない。

鳥居さんは大阪本社が長い人で、夕刊フジに長く籍を置いていた。大阪編集局長を経て、2015年から産経デジタルの社長を務める産経新聞取締役だ。口ひげとあごひげをたくわえた温厚な性格で知られていた。

「君は……まだ若いんだから、まだやり直せる。再出発を図るには早すぎるくらいだ」

というような趣旨のことを言ったと思う。

「やり直せる」って犯罪者じゃないんだから……と苦笑しながら、「嫁さん、何て言うかな」とか「考えてみたら良い会社だったな。いや、良い会社だったら、同期で定年前に辞める奴がこんなに多いわけないいか」などと、ボーッと考えていた。鳥居さんの「勧《かん》奨《しょう》」は最初の方しか覚えていない。何かいろいろ言われた気がするが、見事なほど覚えていないし、脇を固めた幹部社員が相槌を打っていたことしか印象にないのだ。鳥居さんとは一緒に仕事をしたことはなかった。

「でもね、社長」

と僕は切り出した。

「今回のリストラで社員を減らしますよね。で、目標の人数を首尾よく減らしたとしましょう。でも、ここ数年の新聞の発行部数の減少はたぶん止まりませんよね。また減ります。人を減らします。キリがないじゃありませんか。社長はどうされるんですか？気づいたら会社がなくなっていることだってあり得るんじゃないですか」

鳥居さんは顔を歪めた。それを俺に言われても、と顔に書いてあった。温厚で部下からの評判も良い人だった。好きで、こんな首切り浅《あさ》右《え》衛《も》門《ん》のような真似を買って出ているはずがない。

「申し訳ないが……」

鳥居さんの顔は逆光になってよく見えなかった。このときまでは意地でも辞めないつもりでいた。

「とにかく私は辞める気はありませんから」

と答えて部屋を出た。

部屋を出ると、急に尿意を催した。知らずに緊張していたのだろう。力が抜けた。トイレを終えて廊下に出ると、向こうから鳥居さんが歩いてくるのが見えた。トイレ休憩をするつもりのようだ。こちらに向かってくる。俯いていて表情は見えなかった。黙って右に折れて、気づかれる前に鳥居さんの視界から消えた。

「ハァ〜」

背後で大きな溜息《ためいき》がした。鳥居さんの溜息だった。急に考えが変わった。会社を辞めよう、と思った。

1990年代後半に最盛期を迎えた新聞は、その後、インターネットの普及と歩を合わせるように漸減的に部数を減らし、2017年から21年では新聞業界は910万部の部数が雲散霧消してしまったのだという。僕が会社を辞めたのは2019年だからまさに業界の部数急落さなかだった。

2022年7月、産経新聞の発行部数はついに99万部となり、100万部を割り込んだ。僕が入社した1991年には205万部ほどあった。当時に比べてほぼ半減したことになる。

ちなみに僕が辞めた2019年は140万部あまりあった。部数の減少スピードも他社よりも緩かった。だが2020年から3年で35万部も減らしている。僕が辞めた年は減少率は5~6%ほどで、むしろ同業他社より緩かった。それが下り坂のカーブが急になっている。産経新聞は2023年4月、120人の希望退職者を募ったという。

ちょうど辞めるころ、インターネットの掲示板には「バブル入社組が会社を食い物にしている。早く辞めれば良いのに」といった書き込みがあふれていた。心が痛んだ。だが、恐らくは「早く辞めろ」と書き込んだ世代に今、荒波が押し寄せている気がする。

インターネットには「朝日が倒産する」という言説があふれている。確かに朝日の部数の減少の仕方は異常だ。「急な坂もいつかはなだらかになる。ところがウチの会社はそれがない。ずっと傾斜が変わらないんだ」と朝日新聞の現役記者が僕に言ったことがある。このままの斜度が続けば、朝日はあと10年ほどで部数がゼロになる計算になる。

斜度が緩やかだったはずの産経もここ数年は急落している。朝日を嗤《わら》っていられない。

大リストラの噂

2018年の暮れ、産経新聞の編集局長が乾正人さん（現・産経新聞論説委員長）から井口文彦さん（現・産経新聞論説委員）に代わるという話が広まっていたときに51歳以上の中堅社員を対象に180人規模のリストラをする、という噂が流れた。当時、51歳だったから自分もその範疇であることは分かっていた。全社員の1割にのぼった。いつかは来るだろうとは思っていたが、とうとうか、という諦観にも似た気持ちだった。

「俺はどうなるかな」「この部は全員アウトだな」大手町のサンケイビルの近くの飲み屋では、夜な夜なそんな会話が交わされたことだろう。先輩の中には、

「三枝、お前は大丈夫さ」

と慰めともつかない言葉をかけてくれた人もいたが、恐らく「面接」に呼び出されるだろうと覚悟していた。

「あの事件を起こしたからな」

と独《ひと》り言《ご》ちた。「あの事件」がサラリーマン人生を暗転させたともいえた。日本共産

党が関わった事件だった。

東北総局で胃痛

２０１１年10月、東北総局（当時）のデスクの任を解かれた僕は、東京社会部に戻ってきた。異動からわずか8カ月での「解任」だった。「あの事件」に触れる前に、この東北総局での出来事を書いておきたい。

東北総局では総局長と折り合いが悪かった。総局長は初日に「飯でも行こうか」と近くのラーメン屋に連れて行ってくれた。席に着く間もなく、「俺、来年で55歳なんだ。役職定年なんだよな。○○さんに頼んで関連会社の社長でもやらせてもらおうかな」と言った。

社会部次長をしていたときの総局長は社会部員の良い兄貴分といった雰囲気の温厚な人だと思っていたが、開口一番、自分の出世栄達《えいたつ》の話をされたのには正直、面食らった。

デスク業務は初日から苦痛な日々が続いた。午後3時ごろにバタ（当日の記事の組み表、予定表のようなもの）を東京本社整理部に提出し、大まかな記事のレイアウトを提示する。トップ記事はこれ、サイド記事はこれ、という具合だ。

本社にファクスすると同時に総局長にも見せたが、何も言わなかった。ところが締め切り時刻間際に「おい、こんな記事をカタ（一面の左上、トップ記事に次ぐ注目度の高い位置のこと）に載せるなんて聞いていないぞ。差し替えろ」と言う。東北版の県版整理担当はT君といい、整理部歴が浅く、しかもあまり慣れていない様子で、2行、3行の空きが出るのが日常茶飯事だった。締め切り時刻を過ぎてもゲラ刷りが完成せず、知らずに額に汗が浮かんでいた。

「2行、3行空きが出るのは、お前のデスクワークが悪いからだ。しっかり整理部と意思疎通しないとダメじゃないか」

こんな感じで叱られる日々が始まった。10日もしないうちに夜じゅう眠れず、殆ど一睡もしないまま翌日のデスクワークに入るという日々が続いた。

総局長は産経の前は別の大手紙で校閲記者だったとかで、ゲラ刷りを細かくチェックして、赤字を4～5カ所指摘して、それを黙って投げてよこした。午前11時ごろに出勤すると、どこにも外出せず夜10時ごろまで総局にいて、じっとこちらを見ている。ゲラ刷りが出ると、途端に「あそこが」「ここが」と指摘される、という毎日が続いた。

「お前の出来が悪いからだ」と言われているようで、締め切り時刻が近づくと胃がキリキリと痛むようになった。

東京本社では、三枝がまた上とトラブルになっている、という受け止めが大半だったようで、これも日頃の行いが悪いとしか言いようがないが、とうとう着任3カ月が経ったころには幻聴が聞こえるようになった。

悪いことに着任1週間で東日本大震災が発生してしまい、一人ではとてもデスク作業を処理できない状態になっていた。山形支局長のAさんがピンチヒッターでデスクに入ってくれ、二人態勢になった。このとき、デスク失格と烙印を押されたのではないかと思う。

現場の一兵卒だったころは、我ながら直言居士《ちょくげんこじ》で、上司はさぞ苦労したと思う。そんな日頃の行いが祟ったのか、東京本社に「戻してください」と電話をしてものれんに腕押しだった。最終的に精神科に行って診断書をもらった上で、大阪時代の上司に掛け合って東京に戻してもらった。入社して初めてともいえる大きな挫折だった。

一人部署の防衛省担当に

ともあれ、こうして2011年、僕は東京に戻ってきた。とはいえ、本社には、地方総局のデスクも務まらない上に、扱いづらいと思われたのか、一人部署である防衛省担当になった。当時、防衛は門外漢で、戻ってきた僕を置く場所がなくて、とりあえず防衛省に据えたという態がありありだった。

社会部長からは特段、何も言われなかったが、懲罰人事であることは明らかだった。部長から辞令を受け取って、市谷の防衛省に初めて足を踏み入れた。防衛省にはそれまで産経新聞では殆ど社会部の記者は在籍していなかった。政治部の専属部署といってもいい持ち場だった。

「保守系」「右寄り」というイメージが強い産経新聞は防衛省に理解があると思われており、幹部の態度は非常に友好的だった。もっともそれまで警察や国税ばかり担当していたこちらは知識がないので、最初は非常に戸惑った。それに掲載される原稿はほとんどが政治部の記者によるものだった。

そんなさなか、2012年7月16日夜から17日朝にかけて、陸上自衛隊第1師団第1普通科連隊（東京都練馬区）が隊員を東京23区内の区役所に深夜から未明にかけて派遣する訓練を行う、という記事が7月6日に一部の新聞で報じられた。

東京新聞によると、区役所内に迷彩服姿の隊員を宿泊させる予定で、第1師団初の試みだという。陸上自衛隊広報室などは取材にこう答えている。

「訓練は首都直下型地震を想定し、迷彩服とヘルメットを着用した隊員約三百人が参加。無線機や救助資材の入った背のうなどを持つが、小銃は携帯しない」（7月6日朝刊）

同紙には、16日午後7時ごろに練馬区の練馬駐屯地を徒歩で出発し、役所内の会議室や敷地内の自衛隊車両で仮眠しながら、無線通信による情報収集訓練を行うという、と記されている。

これに対し、練馬区や板橋区など10程度の区が協力する意向を示したが、その他の区は16日は祝日なので、対応できないと述べていた。

この訓練が報じられる前にも6月12日、陸自隊員によるレンジャー隊員養成訓練が東京都練馬区、板橋区内であり、市民グループが迷彩服姿で移動する自衛隊員のすぐ横で、反対のシュプレヒコールをあげていた。

災害救助訓練に罵声を浴びせる市民たち

訓練当日である16日の午後6時ごろから練馬駐屯地に行ってみると、数十人の「市民」が反対コールをしているなか、背嚢を背負った自衛隊員が数人単位で駐屯地を徒歩で後にしていく。

衝撃を受けた。日本の自衛隊は、災害救助訓練をするというのに、こんな罵声を浴びながら活動をしなければならないのか。若い隊員が俯き加減で続々と駐屯地から都内中心部に向かっていく後ろ姿を見ているうちに形容しがたい不快な気分がこみあげてくるように感じた。

訓練が、東日本大震災を意識したものなのは明らかだった。大規模な災害が発生し、都市機能や行政機能が麻痺する。そうした事態に対応する訓練のために、自衛隊員が迷彩服姿で東京の街を歩くというだけで、こんなに反対されるというのが理解できなかった。

しかし、この時期、日本共産党の機関紙・赤旗や左派系雑誌の週刊金曜日は、大々的に記事を掲載し、反対の論陣を張っていた。日本共産党目黒区議団は7月5日、目黒区長に次のような申し入れを行っている。

今回の訓練は①一般都民が参加しない自衛隊の単独訓練、②戦闘作戦と同様の手順で市街地で訓練が行われる、③関係自治体に直前まで知らされないままに計画されている、など、通常の防災訓練とはまったく異質のものです。何よりも、自治体からの要請があったわけではありません。

第一普連の23区内での活動は、災害派遣に限らず、ゲリラや特殊部隊への対処などの有事の作戦も含まれています。今回の訓練の中にも偵察、初動対応部隊の活動拠点への進出、区役所と自衛隊との連絡調整や状況把握のための連絡官派遣、通信確保の訓練が盛り込まれ、「野外令」のゲリラや特殊部隊への対処と共通した内容を含んでいます。こうしたことからも、「災害対応」の域を超えていることは明白です。

目黒区には、「連絡班」の2人が17日午前0時40分ごろに区内に到着し、正午ごろに帰隊すると見られています。しかし、区は自衛隊が目黒区のどこの施設に来るのか、何をするのかが明らかになるのは10日ごろと見込んでいます。自衛隊の情報提供も不十分であり、区民の不安の声も上がっています。

日本共産党目黒区議団は、目黒区災害対策本部長でもある区長に対し、以下、申し入れます。

記

1.自衛隊に対し、自治体の要請に基づかない災害対処訓練は中止するよう求めること。

2．訓練に対し、区有施設の提供は行わないこと。

同様の申し入れを日本共産党の各区議団は各区役所に行っていた。赤旗には以下のような記事が掲載されている。6月12日の東京都板橋区、練馬区で行われた訓練の模様を伝えたものだ。

区内の市民団体や平和団体はこれまで、防衛省や自衛隊に行進訓練の中止を要請。自衛隊側は、訓練コースから商店街を外し、隊列を2列から1列に変えるなどの対応を迫られました。

行進訓練のなか、沿道には抗議の意思を示す人、日の丸を振る人のほか、驚きや不安の表情で隊列を眺める人が並び、集団で散歩中の保育園児が武装した隊員の姿を見て泣きだす場面もありました。

訓練コースとなった都営三田線西台駅前や練馬駐屯地前では、訓練に反対する周辺住民らが大規模な抗議行動。「武装訓練反対」「地域を戦場にするな」とシュプレヒコールをあげました。

このように共産党は各区役所で攻勢を強めていた。

区役所からの抗議

各区役所に電話取材をした。港区役所の広報課長は「迷彩服を都民に見せるなんて、というお叱りがあった」と答えた。深夜、未明に区役所を訪れた隊員に宿泊場所を提供しないという措置を取った自治体が続出したので、自衛隊は庁舎内に立ち入って、機器の具合を確認し、災害時に役立つか否かをチェックする程度のことしかできなかった。

これらのことや事実を踏まえて、僕は記事を出稿した。記事は3面で3段程度の記事になった。今、件《くだん》の記事は残っていないので、インターネットで見つけた当時の記事を再掲してみる。

16日夜から17日午前にかけて行われた陸上自衛隊第1師団（東京都練馬区）の連絡要員の自衛隊員が23区に徒歩で出向き、被害状況や出動要請の有無などを確認する統合防災演習で、自衛隊が23区に「隊員を区役所庁舎内に立ち入らせてほしい」と要請していたにもかかわらず、11区が拒否していたことが22日までの産経新聞の調べで分かった。区職員の立ち会いも要請していたが、7区の防災担当者は立ち会わなかった。要請を拒否した区には「区民に迷彩服を見せたくなかった」と明かした担当者もいた。

隊員の立ち入りを認めなかったのは、千代田▽中央▽港▽新宿▽目黒▽世田谷▽渋谷▽中野▽杉並▽豊島▽北の11区。大半は「自衛隊からの要請がなかった」と断った理由を説明した。

防災担当職員が立ち会わなかったのは千代田▽中央▽港▽墨田▽世田谷▽渋谷▽中野の7区。各区とも「要請がなかった」と口をそろえる。千代田区の担当者は「いつ来て、いつ帰ったかは分からない」という。

しかし、自衛隊は口頭で23区に（1）庁舎内に立ち入らせ、通信訓練を行う朝まで待機させてほしい（2）庁舎内の駐車場を使わせてほしい（3）防災担当の職員に立ち会ってほしい——の3項目を要請していた。

陸上自衛隊第1師団第1普通科連隊の石井一将連隊長は16日、記者団に対し、全面的な協力が得られたのは7区で、残りは「休日で人がいない。庁舎内の立ち入りを断られた区もあった」と明かした。

なぜ区側は、夜通し歩いてきた自衛隊員に冷たい対応をしたのか。

例えば練馬区には市民団体が待ち構えて「市街地での災害訓練反対！」とシュプレヒコールを上げていた。「庁舎内に立ち入らせるところを見せるのはまずいという判断があった」とある区の職員は明かした。

概要、こういう記事だった。どうも「拒否した」と僕に書かれた区役所には相当な抗議の電話が来たらしい。出社前のまだ午前9時になるかならぬかといった時間から僕の携帯電話がひっきりなしに鳴り始めた。

「うちの区が自衛隊員の立ち入りを拒否したなんて事実無根だ。現に中に立ち入らせて、機器を操作して帰っている。訂正してほしい」「強く抗議する」

港区の広報課長に至っては「迷彩服姿を見せるな、という声があったなどと自分は言っていない。それも含めて一切否定する」と言ってきた。

僕の記事の問題点は概略、①口頭の要請などなかった②立ち入らせていないというが、立ち入らせていた、の2点のようだった。自衛隊側は事実、口頭で各区役所に要請していたのだが、共産党の執拗な抗議に、要請を撤回したというのが本当だった。

東京都北区の野々山研区議（共産党）は、「自衛隊が北区役所内での宿営を断念」と題した自身のブログにこう書いてある（2012年7月9日）。

（略）申し入れでは以下の2点を求めることにしました。

・自衛隊法の趣旨にも反し、区民の日常生活に重大な支障をきたす恐れのある「連隊災害対処訓練」の中止を自衛隊に求めること

・16日夜の区役所内での宿泊については、あらためてこれを拒否すること

さらに、「自衛隊側から区役所駐車場での宿泊を撤回」との題とともに、

区長への申し入れに先立ち、防災課長から報告があるとのこと。いわく「日本共産党区議団から申し入れ（7月3日、第1次）があったことは、すぐに自衛隊に伝えた。その後、先方から16日夜の隊員の宿泊はとりやめ、車両で練馬駐屯地まで戻るとする変更の申し出があった」。

なんと、今回の申し入れの前に、すでに宿泊を断念させることができました。画期的な

成果だと思います。

と成果を誇っている。

もう1点の「立ち入りを認めなかった」というのはもう少し説明が必要だった。これは僕の落ち度だった。つまり区役所は共産党の抗議を自衛隊に伝え、自衛隊側は区役所側を慮って、宿泊訓練を自ら断念した、というのが真相なのだ。野々山区議は7月17日、訓練当日の様子を写真付きで報告している。

早朝だからまだ人は少ないものの、白昼堂々とこの車両が乗り込んでくれば、区役所を利用する区民の方々はどう感じるでしょうか。

正面玄関から区役所内へと入ろうとする自衛隊員。ヘルメットには「防災訓練」と書いてありますが、迷彩服姿はやはり違和感がぬぐえません。

結局、区役所の屋上にあがり、1時間ほど通信訓練をしたようですが、区の関係者に聞いても「こちらから声をかけるような雰囲気ではなかった」とのこと。

自治体の意向をふまえることなしに無理やりおしかけ、とにかく「区役所を使った」という実績をつくるためだけの訓練のようにも思えてなりません。
災害時に自衛隊の組織や装備を最大限活用することは当然ですが、平時から区民をまきこんでの市街地軍事訓練には断じて協力できません。これからも自衛隊の動向には注意を払ってゆく必要がありそうです。

つまり区役所の中には入っていたのだ。決して歓迎はされていないながらも。「宿泊訓練が共産党の抗議の結果、実施されなかった」と書けば、間違いのない記事だった。記事が出ると、会社の社会部のデスクの電話が鳴りっぱなしになった。名前を名乗らずに「もう産経を購読するのをやめる」「こんな最低な新聞はあり得ない」と言って切られた、という。若い社会部員を前に身を縮めて「申し訳ない」と繰り返すしかなかった。

豊島区はホームページに広報課長名で抗議文を僕の実名を含めて掲載した。デスクと二人でいくつかの区役所に謝りに行った。新宿区の担当者は私に「あんた、大変なことになったね。これで社会的に終わりだね」と、いかにもかわいそうにといった顔をしつつ、ニヤニヤと笑みを作って言った。

後日、豊島区のある区議は当時のことをこう証言してくれている。

「実質、豊島区は自衛隊を立ち入らせていませんでしたよ。立ち入らせたとはいっても、自衛隊員が『トイレを貸してほしい』と言ったので、中に入れてあげただけです」

豊島区の記録を見ても区当局は「トイレを使いたいというのであれば、それも使っていただくというふうに考えています」と説明している（2012年7月13日の防災・震災対策特別委員会会議録）。

これに対して、共産党の垣内信行区議は「自衛隊の迷彩服を着たり、（略）訓練するわけですから、区民が『いったい何が起きたのか』という混乱を脅かすことになるので（原文ママ）、私たちは、これはやるべきではないという態度です」と反対の意思を表明した上で「（訓練は）区民にも迷惑がかかる」と述べている。

新宿区の職員に吐き捨てられたように、社会的に終わったかどうかは定かではないが、次の人事異動で、産経新聞が発行するタブロイド紙のＳＡＮＫＥＩ　ＥＸＰＲＥＳＳに移ることになった。処分はなかった。記事中にある「自衛隊員の立ち入りを拒絶した」旨の部分が正確さに欠けるとはいえ、実態として、要望されていた宿泊を諦めさせた事実はあるので、まるっきり虚偽ということでもない、といったあたりが処分に至らなかった理由らしい（真意を聞いてはいないが）。温情的な措置ということのようだった。それでもこの記事は全文削除された。今、図書館に行っても当該記事は空白で、読むことができない。

ある幹部は「『今回ばかりは絶対許さん。編集には一切携わらせるな。処分しろ』という声がかなりあって、抗するのが大変だったんだ」と僕に言った。

右翼の抗議で真っ青に

思えば、いろいろと「危ない」局面は今までもあった。ひとつ例を挙げると、1997年、警視庁生活安全部担当のころに書いた記事を巡る「誤報」騒動だ。

「○○会の組員が××会の組員らに殴られ、けが　警視庁が傷害容疑で逮捕　カジノ店長の借金巡り」という記事を書いた際には、○○会系列の右翼団体に街宣された。「産経新聞は誤りをただせ～」と日中ずっと怒鳴って、本社社屋の周りをグルグルと回っていたという。

当時の社会部長が警視庁クラブに電話をかけてきて「さっきから右翼がうるさいんだが、お前の記事が原因じゃないか」と訊いた。むっときた僕は生意気にも「そんなこと、あるわけないじゃないですか。何ていう右翼なんですか。名前を教えてください」と答えた。社会部長が言った名前の右翼を公安担当記者が公安3課に聞きに行ったところ、まさに殴られた組員が在籍する○○会系の右翼だった。

「俺の記事だ……」

真っ青になった。しかし、誤報といってもどこが間違っているんだろうか。ネタ元のところに訊きに行くと「俺は知らんよ。こっちにケツ持って来られても」とにべもない。出稿前にダブルチェックのつもりで池袋署の広報担当である副署長に確認したのだが、この副署長は口の堅い人で、裏を取らせなかった。

「広報役のあんたが観念して全部話してくれたらこんなことにならなかったんだ」と抗議したが、「そんなこと言われてもね」と至極真っ当な答が返ってきた。

あとで分かったことだが、事実は概ね記事のとおりだった。こういうことだ。

池袋のカジノバーの店長が○○会系の関係者に借金をした。ところが、いつまで経っても返さないので、「今から行くぞ」と通告をした上で、店に向かった。

ところが店長もさるもので、カジノのケツ持ち（用心棒）をしていた××会に連絡をして、7～8人の組員に助っ人として来てもらった。エレベーターがカジノのある階に止まり、ドアが開いた途端に××会の男たちがなだれ込んできて、○○会の関係者が袋叩きにされたのだという。この「根幹部分」の事実に誤認はなかった。

当時の警視庁キャップのMさんが同行してくれて、池袋警察署に向かった。

僕とMキャップに署長はこう明かしてくれた。

「三枝さんの記事はね、○○会組員と書いてあったけれども、どうやら正式な盃はもらっていないようで、準構成員という扱いなんだそうですよ。今朝、○○会の組長がやってきて言っていました。彼らには彼らのプライドがありますんでねえ」

そうだったのか……。はて、そうは言っても、「組員と書いた記事は準構成員の誤りでした。○○会には多大なご迷惑をおかけしました。ここにお詫びします」などという「お詫びと訂正」を出すんだろうか。暴力団相手にそんな滑稽な訂正記事を出す記者は俺くらいだろうな、記者職もクビになるかも……と暗澹たる気持ちになった。

沈んだ心を見透かしたように署長は「Mさんは、暴力団取材に大変定評がある方だから、釈迦に説法とは思いますが、こちらでよしなに○○会には言っておきますから、Mさんは軽挙妄動されないように」と念を押した。

これも後で聞いた話だが、記事が出た日の夜、「池袋で遊んでいる者」と名乗る男から電話があったそうだ。その電話に出た先輩が「忙しい時間に下らない電話してくるな。どうせヤクザ者だろう。ふざけるなっ」と一喝して電話を切ってしまったらしい。

後日、その話を聞いて「先輩、火に油じゃないですか」と不満を言ったら、フンと笑って「締め切り間際の忙しい時間帯だったしさ。大体、間違えたのは君だろう」と正論を返されてしまった。その電話の翌日から右翼の街宣が始まったのだった。

Mさんにこっぴどく叱られるかと思ったが、存外にMさんは優しく「喫茶店でも行くか」と池袋署からの帰り道に誘ってくれた。

「実は、もう知り合いを通じて話はついているんだ。お前さ、『警視庁のその後の調べで、被害者は組員ではなく、準構成員であることが分かった』と書け。これでヤクザも警察も全部丸く収まるから」

信じられない話だったが、その10行に満たない続報記事が掲載されたら、街宣はピタリと止まった。

方々に揉めごとを撒き散らして、先輩たちの機転で解決してもらっていたのだから、返す言葉もない。こういうことを繰り返していれば、「三枝は取り扱い注意」になるのは当たり前だ。それでも社会部から追い出されることはなかったし、社会部長に至っては「訴訟を何本か抱えていなければ、新聞社じゃないよ」と言い放つほどだった。もちろん本音ではなく、私を宥恕してくれるための方便だと思う。

東北総局では辛い目に遭ったが、会社人生を振り返れば総じて、つくづく良い先輩、上司、同僚に恵まれたと思う。

しかし、「自衛隊の災害訓練」騒動は、まさに年貢の納め時だった。あまりに社会部への電話が激しいので、申し訳なく思って、そばで鳴っていた電話を取った。年輩の男性の声で「役所が自衛隊員を立ち入らせなかったってさ、本当なの？」と訊いてきた。説明を始めたらブチッと切れた。記事の内容に怒っているというよりも、どうも組織的にやっていたのではないか、と思う。集団でやるとすれば、あそこしかない、という心当たりはあるが、ここでは伏せておく。

2 心情左翼なのに産経新聞に入ってしまった

朝日も読売も毎日も落ちて

僕が産経新聞に入社したのは1991年4月だった。

産経新聞に入った理由は単純だ。そこしか受からなかったからだ。僕は早稲田大学在学中、右派的な学生ではなかったし、むしろ心情的には反体制を気取っていた。当時の大学受験は非常に厳しく、やっとの思いで入った大学だったので、遊ぶぞ、と心に決め、テニス・スキーなどという軟派なサークルに入った。かといって、そちらも熱心に参加していたほどではない。就職試験時にはアピールポイントと呼べるものが何もなかった。バブル入社の申し子のようなものだ。

もちろん同級生や先輩の前では政治的な話をしたことはない。そうした話を得々とするのは「ダサい」ものだ、とバブル絶頂期に大学生だった僕は信じていた。大学3年の時のテニス合宿か何かで、夜中、男女5~6人で話をしていた時、話の流れで「新聞記者になりたい」とボソッと言ったら、周囲が目を丸くしていた。

新聞社はもちろん朝日も受けた。筆記試験で落ちた。大体、リヒテンシュタインの元首を答えよ、などという問題を出されても分かる訳がない。読売も毎日も1次面接で、日経新聞も2次面接で落ちていた。残るは産経新聞と東京新聞しかない。

事件記者になれれば良いという安直な気持ちだから、面接官にも見透かされる。「弱者のために働きたいです」と言ったら、毎日新聞の部長さんから「だったら弁護士になれば良いだろう」と返され、絶句した。そこで面接は終了だった。

これはマズい。全滅したら就職浪人だ。新聞社以外受けていなかった。産経新聞を取り寄せて、慌ててむさぼるように読んだ。

当時の産経抄の担当で、名文家として社内外で知られた石井英夫さんが、湾岸戦争のサダム・フセインに関して「こういうならず者にはコツンと一発、体罰を与えなければならないのだ」と評していた。「おいおい、戦争を正当化するのかよ」と思う程度には反体制派学生のつもりだったが、残るは産経1社だからそんなことは言っていられない。

すでに東京新聞も役員面接であえなく落とされていた。

最終面接で試験官から「今日の産経の1面がここに置いてあります。思うことを述べてください」と1面記事を大写しにしたボードを示された。運のいいことに湾岸戦争の記事があった。

「ええっと、サダム・フセインのような国際秩序を守らない輩は、多国間で封じ込めないと、第2、第3のフセインが出現します。アメリカの行動を支持します」

と言った。産経の役員たちは我が意を得たりとばかりにウンウンと頷いていた。産経新聞から内定通知をその1週間ほど後にもらった。

冤罪のデパートとしての静岡

研修が終わると、1年生は地方支局に出される。実家が当時は横浜市内にあったので、横浜総局には行けないルールだ。それならば、静岡を希望しようと思った。

というのも、静岡県は戦後、死刑に値する重大な殺人事件で無罪判決を続けて出していた。弁護士や救援団体は「西の山口、東の静岡」とか「静岡県警は冤罪のデパート」などと蔑称していた。

これもテニスサークルの仲間には隠していたことだが、僕は高校時代から冤罪事件に魅せられていた。大学卒業時の旅行は「全国著名冤罪事件ツアー」だった。早稲田の政経学部で同じクラスだった仏像好きの友人を誘い、尾道の千光寺に行くという交換条件で九州まで往復した。島田事件、豊橋事件、財田川事件、八海《やかい》事件、免田事件と西進して現場を回った。

それくらいのオタクだったから、冤罪のデパートとは、どんなところだろうか、と興味が湧いたのだ。だが、「静岡は冤罪が多いので、静岡に行きたいです」と希望書に書いて、通るだろうか。

人事部は、新入社員の僕らに作文を書くよう命じた。講座派と労農派について、400字詰め原稿用紙で10枚ほど書いた。日本の歴史学、特に日本経済史が共産党系の講座派と社会党系の労農派に二分されていること、マルクス主義の唯物史観から全く脱却できていないことなどを批判した。すると、講座派、労農派というのは会社にとってキラーワードだったのか、12人もの同期が静岡を希望していたのに、すんなりとたった一人の静岡行きが決まった。

教授を吊るし上げていた青年が朝日記者に

研修を終えて5月から静岡支局に配属され、その後、1カ月にも及ぶ連続の宿直勤務という「修行」が明け、ようやく静岡中央署、南署という市内の警察署を任されることになった。

記者クラブに行って、朝日、毎日、読売……と各新聞社のボックスを回って名刺を配る。1社あたり3畳ほどのボックスに仕切られていて、そこに産経、朝日、NHK、毎日、静岡朝日テレビ、静岡第一テレビ、テレビ静岡、中日新聞、読売新聞、静岡新聞と静岡放送の順に分けられていた。

朝日にも僕と同期の記者が二人いた。Nくんと、もう一人は、今は名前も覚えていない寡黙な青年だった。Nくんは快活で、口を開けば警察の悪口を言っているような感じだった。どこかで会ったことがあるような気がするが思い出せない。

僕よりも遅れて、ある日、毎日新聞に新人記者が配属された。女性だった。その人があいさつ回りに来た。僕とは全く話が弾まず、ものの数秒で産経のボックスを出て行ったが、隣から「あっ、Nさんじゃないですか。私、○○女子大の学生委員会にいたときから尊敬しておりました」とまるでアイドルに出会ったかのような嬌声が聞こえた。

そこでやっと思い出した。大学4年生の頃、成績は低空飛行で、「不可」が一つでもあれば、履修単位が足りずに留年という瀬戸際だった。その後期試験で降って湧いたのが「学費値上げ反対スト」だった。早稲田に文字通り、赤旗が舞った。ストライキになれば、試験はなくなり、レポート提出で事足りる。当時、僕のように手に汗を握って推移を見守った一般学生は大勢いただろう。

「団体交渉」という名のもとに、学生委員会の委員長が渉外担当の教授と交渉する。とはいえ、交渉といっても名ばかりで、事実上はまるで文化大革命の吊るし上げみたいなもので、政経学部の学生委員長が「お前じゃダメだ、学部長を出せ。良いから出せ」とハンドマイクで教授の耳元で怒鳴り散らしていた。

毎日新聞の女性記者の嬌声で、そのときのことがふと思い出された。

「学部長を出せ。お前じゃ話にならない」

朝日のNくんは教授の耳元で怒鳴り上げていた学生委員長その人だったのだ。

その吊るし上げ集会は早稲田の3号館前の広場で行われていた。誰かが「法学部はスト突入」と叫び、ウワーッという歓声が上がった。「文学部もスト突入！」またウワーッと大歓声が上がる。

しかし、政経学部はNくんの怒声と「学部長を出せ」の繰り返しで、埒《らち》が明かない。冬の昼は短い。辺りは闇に包まれてきた。

「ひょっとしたら、政経学部だけ筆記試験をやることになったりして。そうなったら終わりだ」と気が気でなくなってきた。1期下で仲が良かった大島真生《まなぶ》くんと正門のそばにある地下の喫茶店に入ったり出たりを繰り返したが、なかなか決まらない。

「また行ってみようか」と1時間ほどして、大島くんと連れ立って喫茶店を出て、3号館に行くと、まだやっていた。

「商学部でスト決行!」「ウワーッ」と歓声が上がった刹那《せつな》、大島くんがブチ切れた。

「いつまで同じことやってんだ、バカ野郎」とそばにあった立て看板を蹴ったのだ。

「ガーン」と大きな音がしたので、Nくんら学生委員会の幹部連中とその取り巻きの目が一斉に僕らに注がれた。

「バカ、逃げるぞ」と言って、校外まで全速力で逃げた。誰も追ってこなかった。ストは夜遅くに決まった。あのときにハンドマイクで叫んでいた青年が朝日に入り、やきもきしていた成績低迷の僕は産経に入社した。立て看板を蹴飛ばした、当の大島くんは、僕の後を追うように、その翌年に産経新聞に入社した。

早稲田と革マル派の深い関係

当時の早稲田は過激派である革マル派の金城湯池《きんじょうとうち》と言われていた。早稲田祭実行委員会は革マル派が仕切っているとも囁かれていた。来場者数は延べ20万人にも及ぶといわれる早稲田祭に入場するには、パンフレットを当時、500円で購入しなければならなかった。これが革マル派の多大な資金に化けたことは想像に難くない。

政経学部の学生委員会も革マル派の影響力が強いといわれていた。1972年には中核派とみなされた早稲田大の第一文学部の学生が、角材などで革マル派の学生に滅多打ちにされて死亡した事件も起きている。

僕の卒業後、1994年に早稲田大学総長に就任した奥島孝康教授は、革マル派の排除に乗り出した。1997年には千葉市中央区にある早稲田大学法学部教授の自宅の電話が革マル派に盗聴される事件が発覚し、警視庁は革マル派非公然活動家10人を指名手配した。1997年から2001年まで早稲田大学は早稲田祭を中止する措置を取った。

新聞記者が労組の職員に

Nくんとはそれなりに仲が良かったが、彼はほどなくして朝日を辞めた。

それから10年以上経ったある日、国税担当になった僕は、ある全国的な組織を持つ労働組合が東京国税局査察部に強制調査（査察）を受けた際、国税や特捜部の係官が段ボールを押収して車に積み込むおなじみの写真を撮ろうと、その組合に急行した。建物の外で推移を見守っていたら、何とNくんが出てきたではないか。

「おうっ、N、ひさしぶりじゃないか」と言ったら、彼はバツが悪そうに、「カネの話は抗弁できない。取材は拒否だ」と苦笑いを浮かべて建物の中に消えた。何と朝日を辞めて、労組の職員になっていたのだった。

毎日の女性記者はその後も毎日にいて、特派員として活躍している。

彼女がデスククラスにでもなれば、新入社員を採用する1次試験の面接担当官くらいにはなるだろう。また左派系の学者のゼミに入っていて、その担当教授から推薦をもらって朝日や毎日の面接を受けている学生は多いだろう。こうして左派系のある意味で「色のついた学生」の系譜は絶えることなく続いていくのだと思う。

朝日や毎日新聞の記者の中には、明らかに活動家系の記者がいる。その記者が事件を担当する官庁を経験したという話は寡聞にして知らない。別に事件持ち場をやらなければ新聞記者ではない、といった時代錯誤なことを言うつもりはない。ただ、その記者が書く記事、書く記事、いつもそうした「界隈の人々が喜ぶ記事」ということは、その記者はそれ以外に書きたい記事はないのだろうか、と邪推してしまう。

産経新聞には長い間、「事件をやらぬ者は社会部記者に非ず」という伝統が残っていた。産経の右派系の論客といえば、古くは石川水穂《みずほ》さん、最近では僕より入社年次が1期上の阿比留瑠比《あびるるい》さんらがいるが、石川さんも阿比留さんも警視庁担当を経験している。

阿比留さんにとって、警視庁担当をしていた1年間はどういった1年間だっただろうか。事件担当記者を志して記者になった僕ですら、何度も逃げ出したくなるくらい、山あり谷ありのきつい日々だった。阿比留さんは事件記者志望だったわけではないから、尚更辛かっただろうと推察する。

阿比留さんが近づいてくると「オエ〜ッ」という、えずくような大きな声が聞こえてくるので、キャップを務めていたMさんなどは「お、阿比留がトイレから帰って来たぞ」と笑っていたものだった。そういう辛い日々を送った阿比留さんだったから、社会部にいたときも政治部に移っても、一目置かれていた。

記者クラブにやってくる市民団体はいつも同じ人

静岡時代に話を戻そう。当時、静岡支局には、1日に何本もレクチャー、記者会見の類が入っていた。どこからか幹事社に連絡があり、幹事社の記者が「午後3時から原子力艦入港に反対する会のレクが入っていま〜す」という感じで声をかけて、B5版ほどの用紙をホワイトボードに張る。あるいはどこかの労働組合が起こした、不当労働行為に関する地裁判決に対して控訴提起を決定した、と言ってはレクチャーあるいは記者会見が入る。

僕もこのレクチャーは暇があれば出ていた。産経新聞ですら、明らかに共産党や社会党（当時）がバックにいるであろう団体の記者会見を好んで記事にしていたのだ。

なぜなら日々の静岡県版は400〜500行ほどの記事が必要であり、当時、産経は静岡支局に県警詰めが二人、県庁担当が3人いた。浜松にも支局があり、支局長以下二人、掛川、島田、清水、沼津、三島、熱海、伊東、下田に通信部があった。だが全部足しても現場に出られる記者は13人。通信部はほぼ全員が「特通さん」といって、一度はほかの新聞社などを定年になって再雇用されたお爺さん記者ばかりなので、それほど多くの原稿が出るわけではない。そんなわけで、夕方になっても原稿が集まらないということがよくあった。そんな支局にとって、バックが何であろうとわざわざ記者会見を開き、レクをやってくれる団体はありがたい存在だったのだ。

もちろん、レクとは名ばかりで、いかに自分たちの請求を棄却した判決が不当だったか、ということをアジテートするのが常だった。最近だったらオスプレイ配備の反対運動あたりが、こうした団体の主戦場だろう。

今でも静岡県警記者クラブが当時と同じルールで、自由に市民団体が立ち入れる状況だったなら、連日記者クラブに「市民団体」の人たちがそれこそ門前市をなしただろう。こうした人たちはある種の常連なので、記者とも顔なじみである。

記者も記者クラブに寝転がっていても、レクの時間になれば市民団体の皆さんがやってきて、アジテートして、権力側の批判、悪口を言って帰っていく。それがその日の新聞に掲載され、テレビに放送されるわけだ。彼らも誰に教わったのかは知らないが、どこの地方でも記者クラブをレク漬けにしていたようだ。こうして当時の新聞記事、テレビのニュースは労せずして彼らの主張が掲載され、放送されるわけだ。

ある日、朝日のNくんに初老の女性が「あら〜、Nさん、最近うちに来てくれないじゃない」と声をかけているのが目に入った。あれ？　この人、どこかで見たな……と思ったらバイパス建設に反対する会の「市民」だった。それが別の日には「原子力艦の……」のレクにも来ていたりするわけだ。

また別の日、廊下に背広姿の男が3～4人立っているのに気づいた。朝日のNくんが「おい、警察が来るところじゃない。市民がレクをしているんだ」と声を上げ、何人かの記者が不満の声を上げた。僕も後に続いた。

思った通り、公安課の警察官だった。出席者の顔ぶれを確認していたのだった。記者クラブは公安警察の監視対象だったようで、たまに公安課の捜査員がウロウロしていることがあった。

当時、県警は静岡県庁に間借りする形になっていた。つまり庁舎管理権がなく、市民団体の出入りを拒む権限がなかった。これは警視庁や大阪府警を除けば、多くの道府県でも似たり寄ったりだったと思う。そこに公安警察官が監視に来たことに、抗議の声を上げる程度には当時の僕は、まだ左翼にシンパシーを感じていたということだろうか。

僕は学生時代から使っていた黒い横80センチ、縦25センチくらいのバカでかいスポーツバッグを持って歩いていた時期があった。ダサいのは分かっていたが、静岡のアパートに実家からの荷物をバッグに詰めて持ち込んだときにそのままになってしまった。

だが警察署の刑事課を回っていても、目立つから、「バカでかい黒いバッグを持った産経の新人」と分かる。だからしばらくの間、好んで使っていた。

ある日、県警記者クラブに戻ってくる途中、急に便意を催してトイレに駆け込んだ。床に置くと、和式だったので邪魔で仕方がない。やむなく廊下にそのデカバッグを置いて、用を足すことにした。すると、暫くして、「おい、何だ、このバッグ」「随分、でかいな。中に何か入っているんじゃないだろうな」と話す二人組の男の声がする。声の主は警察官のようだ。

「まさか、爆弾が入っているわけじゃないだろうな」「爆発物処理班呼んだ方が良いんじゃないか？」

押し殺したような声がした。頑張っている間に、話が物騒になってきた。慌てて外の声に向かって怒鳴った。

「すみませ〜ん。そのバッグは僕のです。産経新聞の三枝と言います」

声の主は途端に緊張がほぐれたのか「脅かさないでくれよ〜。こんなでかいバッグ、廊下に置いて〜」と笑いながら去って行った。

1年遅れて産経に入った大島くんは、甲府支局の県警記者クラブ詰めだった。この話をしたら「バカバカしい。警察に爆弾なんか仕掛ける悠長な奴がいるかよ」と一笑に付した。だが、警察には苦い記憶がある。実際に警察本部に爆弾を仕掛け、爆発させたテロリストがいるのだ。

１９７５年7月19日、北海道札幌市中央区の北海道警本部庁舎3階の金属製ロッカーが爆破され、５人が負傷した。近くの市営地下鉄の駅に「東アジア反日武装戦線」名義の犯行声明文が残されていた。

１９７６年3月2日には同じ札幌市の北海道庁が爆破され、二人が死亡し、90人以上が重軽傷を負った。新左翼の活動家が逮捕され、死刑判決を受けた。北海道警爆破容疑でも逮捕されたが、こちらは不起訴となり、事件は解明されずに終わっている。

平成初頭はさすがに爆破事件で死傷者が出るようなことはほとんどなかったが、過激派同士の内ゲバはまだ散発的に発生しており、１９８９年には中核派がＪＲの労組幹部を「革マル派だ」として殺害したり、ＪＲ総連総務部長が殺害され、革労協が犯行声明を出したりするなど、過激派闘争の残滓があった。

初めて書いた県版トップ記事

さて、静岡支局に赴任して1カ月後に自転車で静岡市内の静岡中央署と静岡南署を回ることを許された。午前8時15分、当直明けの警察署に顔を出して「昨夜は何もありませんでしたか」と訊いて回るのだ。そして、一度、静岡県庁に間借りした例の静岡県警記者クラブに顔を出す。だが、1年生記者は長居できない。先輩の怖い目が光っているからだ。例の出席原稿（お手軽に取材できる記事）に最適な「市民団体のレク」も1年生はまず出られない。先輩の特権だからだ。これで先輩は出席原稿を書くことができる。「いつまでここにいるんだ。早く署回りに行って来い」と言われるに決まっているし、事実、言われた。午前9時半には静岡中央署の4階から順に下がっていき、最後は1階の警務課や地域課（1993年までは外勤課といっていた）を回って昼回りは終わり。それが終わると、その日の出席原稿を探す。とはいってもついこの間まで、悠長に学生生活を過ごしていた身の僕がスラスラ記事を出せるわけもなく、はじめの2週間は全く記事が書けなかった。

先輩は記者クラブにいても、市民団体の有難いレクチャー、会見が待っている。出席原稿は確保できる。ただ、1年坊主にそんな役得が回ってくるはずもなく、日々、動物園に行っては、象に鼻で顔を撫でまわされながら象の水浴びの写真を撮って「暑い！静岡市が35度」といった「お天気記事」を書いたり、市民ホールで催されている展示会を20行ほどの小さな記事にして、お茶を濁す術を覚えるようになった。

ある日、静岡市役所の玄関わきで展示会が催されていた。70代くらいのお爺さんの何の変哲もない展示会だった。題名は「苦難のシベリア抑留の日々」といったものだったと思う。小和田《おわだ》さんという、そのお爺さんは絵を指さしながら「厳寒のシベリアで一人、また一人と飢えて死んでいきました」と淡々と話してくれた。

それを30行ほどの街ダネコーナー用に出稿した。夕方、警察署に行って防犯少年課長と雑談していると、ポケットベルが鳴った。電話を返すと、支局の次長だった。「急いで支局に来い」という。何か、あの展覧会の原稿でマズいことでも書いたのか、と不安になったが、当然放っておけるはずもなく、重い足取りで向かった。

次長は難しい顔をして原稿を処理している。「何かマズいことでもありましたか」と訊くと、ワープロに顔を向けたまま、「お前、何で30行しか書かなかった」と言った。「え？　展示会ですから」と言ったら、雷が落ちた。とはいっても、次長は理不尽な怒り方をする人ではない。相変わらず小難しい顔をして「お前はシベリア抑留を何だと心得ているんだ」と言った。

思わず「は?」と声が出てしまった。次長は「書き直せ」と言った。「すみません」と謝ったら、「120行くらい書いてこい。お前、少し勉強しろ」とだけ言って、また難しい顔に戻って原稿を睨んでいた。

あのお年寄りの展示会は県版トップ記事にするという。「そういえば、息子さんは静岡大学の教授だって言ってましたよ」と言ったら、また怒られた。

「誰だ、それは。聞いてない? なぜ聞かないんだ。すぐ聞いて、それも原稿に織り込め」

展示会の主の小和田さんは、日本中世史の歴史学者として高名な小和田哲男・静岡大教授の父だった。NHKの大河ドラマの時代考証を手がけ、「その時歴史が動いた」などの番組にも出演されている、あの小和田教授だ。

「自分の書いた原稿をよく見ておけ」と次長は言った。夜の9時ごろにファクスに流れてきたゲラ刷りを眺めていた。産経新聞に入って初めての県版トップ記事だった。嬉しくないといえばうそになるが、それよりもこんな体たらくで大丈夫だろうか、という不安の方が先に立った。

3

ＮＨＫも新聞も殺人犯の言い分を垂れ流していた

金嬉老事件の生き証人の明暗

赴任してから4カ月ほどすると、警察署で顔なじみの警察官や刑事が出来始め、警察署回りを難行苦行と感じることも少なくなってきた。

ある日、Oさんという静岡中央警察署刑事1課のベテランの巡査部長と仲良くなった。いかにも人情刑事といった風貌だった。階級こそ高い人ではなかったが、静岡県警の盗犯捜査では名刑事の誉れが高い人だった。当時の静岡中央署は歴史の生き証人のような人が顔をそろえていた。

根来礎夫《ねごろやすお》署長は、かの金嬉老《きんきろう》事件で功績をあげた人物だとして1年生記者の間でも有名だった。この事件は、ある種の「劇場型犯罪」の先駆けとも言えた。在日韓国人の金が、静岡県清水市（現・静岡市清水区）のクラブで暴力団組員ら二人を射殺し、その後、静岡県榛原《はいばら》郡本川根町（現・川根本町）にある寸又峡《すまたきょう》温泉のふじみや旅館に立て籠もった事件である。手元に警察庁刑事局捜査1課が監修した資料があるので、それをもとに経緯を記してみよう。

1968年2月20日午後8時23分ごろ、金は清水市旭町のクラブ「みんくす」でライフル銃を取り出して、知人の暴力団組員（36歳）とその連れ（19歳）に10発ほど発射。乗用車で逃走した。組員はその場で死亡が確認され、連れの少年は病院で死亡した。県警はその日の夜のうちに、金から清水警察署にかかってきた電話によって、犯行動機や状況を聞き出していた。逆探知をしたところ、すでに金はふじみや旅館に立て籠もっていた。旅館には経営者家族5人と宿泊客8人がいて、13人は全員が人質となった。

警察との交渉の最中に、金は事件を起こした理由を民族差別問題だと言い出した。清水で暴れ回っていた金をKという刑事が見とがめ、「朝鮮へ帰れ」と侮蔑的な言辞を弄《ろう》したことが原因だというのだ。旅館に立て籠もった金と説得に当たった刑事の一問一答を引用してみると、恨みつらみを繰り返し述べている。

金「俺はねえ、清水の警察のKにゃあ、本当に憎しみを持っている」

刑事「何で？」
金「俺が清水で、こういうことをやるという計画を立てたのも、Ｋ刑事への面当てという理由があったんだ。遺書に書いてあるんだ」
刑事「遺書作ったのか？」
金「遺書はブンヤさんに渡すよ。警察に渡せば、もみ消すからな。それには、いろんなことが書いてある。世話をかけた人には、迷惑もかけないようにしてある。とにかく掛川署のＯさんね、この人を俺は親のように慕っていた」

テレビでの公開謝罪

翌21日午前10時10分、金が慕っていたＯ巡査がＮＨＫ、静岡新聞の記者と一緒に金の説得に当たる。金は新聞記者に対し「Ｋ刑事が昨年、自分を朝鮮人だと侮辱したことについて、県警本部長とＫ刑事は謝罪せよ。このことを全国放送しろ」と言ってきた。

午後3時、Ｋ刑事の上司の清水警察署の署長が全国放送で第1回目の謝罪をした。

金は「謝罪の仕方が悪い」と難癖をつけ、人質を連れて、近隣の集落を歩き回り、発砲した。

次に静岡県警本部長がテレビで謝罪。金はこれを了として、人質のうち女性と子供計4人を解放した。

K刑事は21日午後11時52分のNHK、22日午前10時3分のNHK、22日午前11時50分の静岡放送、午後0時13分のNHK、午後3時の静岡放送と計5回にわたって謝罪を強いられた。

静岡県警捜査1課は、金が人質を解放するたびに玄関先まで人質を見送りに来ることに着目し、24日、9人の刑事を記者に化けさせて潜り込ませた。カメラも持たせた。そのうちの一人が当時、警部補だった根来署長だったのだ。

柔道5段だった根来さんは、金の左前方から飛び掛かり、金の右側から右手を金の首にかけた。「さらに機を失せずN警部補は（略）右手をつかみ押し倒しにかかっており……」と資料は刑事たちの息の合った連係プレーを絶賛している。

午後3時25分頃、殺人、銃刀法違反などの容疑で金は逮捕された。

根来署長は舌を嚙もうとした金の口に自らの警察手帳を咄嗟に突っ込み、自殺するのを防いだとも言われていた。もともと出世の早い人だったが、金嬉老事件の活躍が出世コースの一番槍となる決定打となった、というのが地元記者の一致した見方だった。

これに対して、冷や飯を食わされたのはKさんだった。先に述べた通り、その侮蔑的な発言が犯行動機だ、と金は主張していた。だが、それを真に受けて良いものかどうか。Kさんは金嬉老事件以後も暴力団捜査畑を進み、静岡中央署の暴力団捜査では中心的な人物だった。だが、金嬉老事件発生時は、根来さんが警部補、Kさんが巡査部長だったのに、1993年当時には、根来さんが警視正に出世していたのに対し、Kさんは定年退職が迫っていたのに巡査部長のままだった。

痩せぎすで、肩を怒らせて歩き「お前ら、新米記者に何がわかる」と言って、刑事2課長と雑談している僕に割り込んできたこともあった。だが、薄いサングラスの下の目は笑っていた。粗にして野なKさんだから金嬉老に「お前ら朝鮮人は……」くらいは言ったかもしれない。だが、性根の悪い人だとは思えなかった。しかも、それが理由で二人も殺害し、旅館に87時間55分も立てこもったことを正当化できるだろうか。

無節操な知識人とメディア

Kさんが住んでいた清水の家に夜回りをかけたことがある。Kさんは「バカ野郎、不退去罪だ」と言うと、バケツに水をいっぱいに汲んで、再び玄関先に出てきた。「し、失礼します」と慌てて帰った。Kさんからすれば、朝日も産経も自分を「差別刑事」に仕立てたメディアの一員に変わりはあるまいという心境だったのだと思う。

事件当時は、中央大学の教授や作家、弁護士、牧師、在日本大韓民国民団（民団）の本部長らがふじみや旅館に泊まって、金を説得したが、「金に迎合する点、見受けられる」と警察庁資料に記されている体たらくだったようだ。

旅館の前は「私が金嬉老を説得する」と主張する野次馬でごった返しており、ライフル銃を発砲するほか、ダイナマイトを身体に巻いていた金に静岡県警は手が出せず、事実上、金の言いなりになっていた。資料にはこうも書かれている。

「21日TBSがヘリコプターを現地へ飛ばして取材し、これが特ダネ扱いとなり、また金の要求に応じて静岡新聞とNHKの記者が会見したことから、各社は競って空から、あるいは検問を避けて山道伝いに、記者やカメラマンを大間地区（筆者注・事件現場）に送り込むという状況になった。このため、現地奥泉及び大間地区には、警察側の警告、制限を無視して200名以上（奥泉約100名、大間約120名）に及ぶ報道関係者が入り込み、その取材合戦は全く激烈を極めた。（略）金は23日から『新聞を見せろ』と要求し、説得者その他から金が新聞を入手する可能性も強くなったので、新聞記事が金を強く刺激することを恐れて現地の記者の引揚げを要求したが、ほとんどこれを無視し現場に居残った」

このあたりまでメディアは金へのシンパシーを隠さなかったのだが、事態は銃弾によって一変する。

「24日朝記者が面会を要求したのに対して金がこれを拒否し、カメラマンの足許に向けて威嚇射撃をした（略）報道側も盛り上がり、『警察が説得対策ばかりやっているのは手ぬるい』と非難する者も現われた。その直後金の逮捕が実現された」

要は、散々、金を「民族差別の犠牲者」と書き立てて持ち上げ、当事者のK刑事や清水署長、果ては県警本部長にまで謝罪させていたのに、自分たちが発砲されると、「警察は手ぬるい」と言い出したのだ。全く自分勝手な言い草だとしか言いようがない。現場の警察官は記者たちの無節操に内心は怒り心頭だったただろう。

警察庁資料でも「NHKと静岡新聞を被疑者に会わせたことから、激烈な取材競争が起きたが、被疑者のこのような申し出は断固拒絶するべきであった」「最後には新聞記者の動きを利用して解決した形になったが、このようなものを全く排除して、警察の自主活動で説得し逮捕する方法は十分考えられ、その意味では、このような記者団の存在は非常に問題があった」と総括している。よほど記者団には手を焼いたのだと思う。

報道記者が解決の足手まといになっていたとしか考えられない。金は裁判で民放テレビの記者から「金さん、ライフルを空に向けて撃ってくれませんか」と頼まれた、と証言し、不満を述べている。確かに「戦後昭和史100大事件」などと銘打ったテレビ番組を見ると、金が至近距離から空に向かって発砲する映像が流れており、「記者っていうのは、ライフル銃を前にしても怖気づかない。大したもんだなあ」と子供心に思ったものだが、こういうウラがあったわけだ。

Kさんは、定年退職の1年前に警部補に昇進し、静岡中央署刑事2課暴力団捜査担当係長になった後、退職した。

根来署長は静岡中央署長を最後に勇退、ブラウン管の向こうから金嬉老に頭を下げた本部長は、静岡県では袴田事件の捜査指揮も経験。大阪府警本部長に異動、警察官僚のポストだった防衛施設庁長官を最後に勇退した。

刑務所でも特権を得ていた金嬉老

金は静岡地裁で公判中の1970年、自身が特別扱いを受けていることを暴露。静岡刑務所で金がいた雑居房からは、出刃包丁ややすり、ライター、果ては毒物まで発見されたというので大騒ぎになった。これは金が自殺をほのめかし、トラブルになることを恐れた職員が差し入れたのを皮切りに要求がエスカレートしていったものだった。その後の調査で望遠レンズ、カメラ3台、香水、金魚鉢、キッチンセットなども自身の房にあったことがわかった。彼は女囚が収監されている雑居房におり、散歩、面会も自由だった。隣室の女囚のところにも自由に出入りしていたという。

と、ここまでは公表された事実。ほかにも彼は好みの女囚が入ってくると、睡眠薬を混入させた店屋物を食べさせて昏倒させ、レイプまでしていたという証言まである（坂本敏夫『完全図解　実録！　刑務所の中』二見文庫より）。

法務省矯正局は局長以下26人に対し停職・減給・戒告などの処分を行った。包丁を差し入れた職員は後に服毒自殺した。

参議院法務委員会で弁護士資格を持つ社会党の亀田得治参院議員が「刑務所における管理の大きな欠陥だ」と追及している。が、静岡刑務所の処遇は、あまりにも金がヒーロー視されていたことと無関係ではない。何しろ県警本部長の頭まで下げさせて、新聞、テレビだけでなく、日高六郎、中野好夫、鈴木道彦、それに俳優の宇野重吉ら名だたる文化人、有名人らが「金さん、金さん」とおだてて囃していたのだから、今さら、刑務所の職員のせいだけにする社会党参院議員のご都合主義にも呆れてしまう。余談だが、保守色が強い産経新聞の「正論」メンバーだった現代中国政治の碩学、中嶋嶺雄元東京外語大学長ですら、この事件では、銀座東急ホテルで「あなたの声を真っ向から受け止めたい」と彼に寄り添うような声明を出していることから察するに、左派に非ずんば知識人に非ず、という時代だったのだろうと思う。

静岡支局の先輩は「産経新聞が金にきついことを書いたらさ、その次の裁判で支援者にワイシャツをビリビリに破られたんだぜ。『反動の産経新聞だ』ってな」と僕に話したものだ（伝聞だが）。

金はその後、無期懲役刑が確定し、1999年、二度と日本の土を踏まないことを条件に仮釈放。韓国に渡ったが、殺人未遂事件などを起こし、服役するなどした。金は晩年、日本への再入国を希望していたが、かなわず、2010年、前立腺がんのため、釜山の病院で死去。親族も遺骨の引き取りを拒否し、遺骨は釜山沖と事件現場付近に散骨されたという。

4
古参の刑事が語る「冤罪論」を聞く

生き証人の宝庫

冤罪を自分で見つけて記事にする……という当初の威勢のいい目標は、半年もすると徐々に心の裡《うち》にも想起されなくなってきた。あまりにも見え透いた嘘をつく被告が多く、かれこれ100も裁判を傍聴しただろうか、と思う頃には、被告というものは少しでも自分を有利に見せようと思うものだ、と確信するようになってきた。これが意外な落とし穴なのだが……。

ただ、金嬉老事件の当事者が静岡中央警察署にいたように、様々な著名事件の生き証人ともいえる人がおり、その人たちから話を聞くのが楽しかった。当時の警務課長は定年間近の人だったが、刑事畑が長く、あの一家4人が惨殺、放火された袴田事件（19

66年）の捜査本部の一員である捜査1課の刑事だった。もっとも、この人は「袴田事件が……」と僕が話を持ち掛けたとたん、「俺の捜査にケチをつけるだかっ」と静岡弁で怒りだしてしまい、それ以上は訊けなかった。

1991年12月を過ぎ、着任して半年が過ぎたころになると、なじみの刑事さんも出来てきて、いわゆる夜回りをするようになった。

前述の、窃盗犯捜査が長く、県警でも名刑事の誉れが高かったOさんという巡査部長は、家に行くと昔の有名な冤罪事件である二俣《ふたまた》事件の話をしてくれることがあった。

「二俣事件のときは、俺は駆け出しでな。いわゆる警察署のお茶くみだったもんで、1階の受付にいるような小僧っ子だった。上の階で国警（国家地方警察）静岡県本部から来る刑事たちがやっている捜査は、大先輩が別世界でやっているものだと思っていたよ」

1950年1月6日、静岡県磐田郡二俣町（現・浜松市天竜区）の民家で一家4人が殺害された二俣事件の発生時にOさんは駆け出しの刑事だったのだという。

この事件は実に恐ろしい事件だった。以下、ジャーナリスト、高杉晋吾氏の著書『権力の犯罪』（講談社文庫）をもとに説明する。46歳の主人、33歳の奥方、2歳の長女が匕首のようなもので刺されて殺されていた。1歳の次女は母親の遺体の下で亡くなっていた。7日午前6時ごろになって、同じ6畳間で寝ていた12歳の長男が目覚めたところ、家族が死んでいたというのだ。生き残った次男の証言が恐ろしい。

「夕ベジャラ（夜警の鈴）の音で目が覚めたらね、お母さんのそばにね、若い男の人があぐらかいて座っていた。新聞読んでたから顔は見えんかったけんど、その人は立ち上って、おばあさんの寝ている隣の部屋の中をのぞいてからね、裏口から出て行った。こわくなって泣きだしたら、お兄ちゃんが〝やかましい〟って怒った。だから僕、そのまま寝ちゃった……」（同書より）

何と犯人はその新聞を読んでいた若い男だったのだ。自分が殺害した遺体の前で悠長に新聞を読んでいたことになる。もしその男が少年に気づいたら、どうなっただろうか、新聞から男が顔を上げていたら……。

二俣町警察署の山崎兵八《ひょうはち》刑事（当時37歳）は犯人が夜警の見回りを恐れて現場にとどまったのではないか、と推理した。現場には家に入っていく足跡はあったが、出て行った足跡がない。雪が凍って地面が固まった未明に帰ったから足跡がないのではないか。

当時は国警と自治体警察と警察が二つに分かれていた。山崎刑事は自治体警察、国警からは紅林麻雄《くればやしあさお》警部補以下、精鋭の刑事が乗り込んできた。国警は自治体警察をバカにしきっていたという。

紅林警部補は、当時は名刑事の誉れ高かった。1941年から翌年にかけて浜松市内で10人が殺害された浜松事件を解決した功労者として、その後、強行犯捜査（殺人事件の捜査）畑を進み、1948年の幸浦事件、1950年の小島事件を次々に「解決」していた。ただし、浜松事件を除いた二つの事件は後に無罪が確定している。

Oさんは当時の国警の取り調べ事情を明かしてくれた。

「そりゃ、凄かったよ。拷問が。上から『助けてくれ！』って声が聞こえるもんでね。でも、俺は二俣警察の小僧っ子だから何も言えないよね」

国警の紅林捜査班は怪しいと睨んだ無為徒食の連中を連行しては、拷問を加えていたということのようだった。

二俣事件の「生き証人」はまだいた。科学捜査研究所の所長をしていた鈴木健介さんだ。鈴木さんの奥さまが天竜・二俣の出身だった。

「近所の人が気味悪がってね。町内会でも問題になったそうだよ。うめき声がするんだ。殴られた容疑者の『痛い、痛い』っていうね。それで警察署から調べ室が当時、二俣地区署の敷地内にあった土蔵に変えられた。土蔵に変わったって、やることは変わらないんだけれども」と言って鈴木さんは苦笑していた。

事件では次々に容疑者が別件で逮捕され、中には逃走したもののバス停で捕まり、余計にヤキを入れられた者もいたという。最終的に警察は、父の夜泣きそば屋を手伝っていた18歳の少年を別件の窃盗容疑で逮捕し、強盗殺人を自供したとして、彼を再逮捕した。しかし、結局のところ、拷問まで行う強引な取り調べで作り上げた「犯人」であったため、一審、二審では死刑判決が下されたものの、最高裁が差し戻し、その後少年の無罪が確定している。

この事件で「拷問」を告発した内部関係者がいた。当時、二俣地区警察署の刑事で、雪の上の足跡を推理した山崎刑事その人だ。彼は１９５０年11月７日、読売新聞紙上で実名で拷問を告発した。８日に下されるはずの判決は延期された。果ては被告の裁判に出廷し、12月25日、静岡地裁浜松支部の公判で弁護側証人に立った。

だが、身内の不祥事を告発した山崎さんの末路は悲惨だった。出廷前には、既に二俣署長から退職勧告を受けていた。静岡地裁浜松支部で死刑判決が出ると、偽証容疑で静岡県警に逮捕され、最終的に不起訴になるものの、「妄想性痴呆症」と診断され、運転免許まで取り上げられた。新聞配達で生計を立てていたという。

警察は恐ろしいところ

この裁判で気になることがあった。山崎さんの上司である署長はこう証言していた。

「（山崎は）変質的で、嫌いな客が来ると、お茶の中にツバやフケを入れて出す。上司が留守の晩などは、どこかに火事がおこればよいと神様に頼む始末であります」

僕の取材先の一人に静岡中央警察署のIさんという警部補がいた。捜査畑の人ではなかったので、事件の話はしなかったが、拳銃の射撃の名手で、よく署内で雑談をしていた。そのうち自宅にもお邪魔するようになり、世間話に花を咲かせては、帰っていた。

ある夜、二俣事件の話になった。何とIさんもこの事件の捜査関係者だった。しかも山崎刑事を知っているという。

「変質的な人だ、と県警は言っていましたが、本当ですか」と訊くと、Iさんは顔を曇らせ、首を横に振った。

「とんでもない。あの人は正義の士だよ。それは署の皆が知っていた。優しい、後輩にも良い人だった。それがあんなことになって、警察を追われて……。警察組織は怖いところだと思ったよ」とぽつりと言った。

「誰も山崎さんを助けられなかったよ」とも言った。Iさんや鈴木さん、Oさんの言葉を聞いて、静岡支局を希望した甲斐があった、と思った。

単純な「隠蔽」というよりも……

冤罪事件では、警察は意図的に犯人や証拠をでっち上げ、隠蔽しているに決まっている、と思う人はいるかもしれない。

確かに弘前大教授夫人殺し事件や松山事件、布川事件のように被害者の返り血と思しき血の量が増えていたり、被告が無実である証拠を警察、検察が隠すといった事案が判明したことがある。そうした事件もあるとは思うが、警察を長年取材していると、そういう側面よりもむしろ、本当に目の前の人物が犯人だと思い込んでいるのだとわかってくる。そういう教育を受けているからだ。

「目の前にいる男は本当に犯人だろうか」と思うと、追及が甘くなる。犯人はこちらの隙を常に窺っていて、何とか助からないだろうか、と思っている。そこで「お前は本当にやったのか」と訊いたりすると、「実はやっていないんです。信じてください。刑事さん」と話が振り出しに戻る。

「だから俺は目の前の男を犯人だと信じてやっているよ」と、懇意にしているある刑事さんは言った。先ほどの裁判の話ではないが、ほとんどの被疑者は自分の罪を少しでも軽くすることに腐心する。仮に認めても、枝葉末節を否定してみせたり、「刺したときは殺すつもりは全然ありませんでした」と胸や腹などを5～6カ所刺したくせにしれっと言ってのける者もいる。

これが実態だ。青雲の志を抱いて、刑事や検事になっても、白々しい弁解を弄する被疑者に馴れてしまう。その馴れた時に、黒い陥穽《かんせい》が口を開けて待っているということがある。それが冤罪なのだと思う。

捜査員一人一人は正義感が強く、それゆえに刑事を志し、警察官を目指して県警に入ってきたわけだ。現場の刑事の告発というのは、何度か経験したことがあるし、それで記事を書くこともあった。ただ、公の場で話すとなると話は別だ。山崎さんのような末路を目の当たりにして、捜査の不実を人前で告発できる者などいるだろうか。

静岡県警を担当した2年間の悔いは、山崎さんに会いに行けなかったことだ。山崎さんは警察を退職後、愛知県に居を移したと聞いた。かなり山深い所だった。そのうち、そのうちと思っているうちに機会を逸してしまった。山崎さんは2001年の盛夏に90年近い苦難の人生を終えた。

二俣事件の被告は無罪判決を勝ち取り、自由の身となった後、結婚し、2008年に亡くなった。妻は袴田事件の支援者の中にいたという。

その袴田事件を巡る騒動も経験した。

4　古参の刑事が語る「冤罪論」を聞く

反動記者はやめろ、と大量のファクスを送られた

袴田事件とは1966年6月30日、清水市内の「こがね味噌」の専務一家4人が殺害され、放火された事件だ。8月18日に静岡県警の捜査本部は強盗殺人と放火などの疑いで、住み込み従業員で元プロボクサーだった袴田巌死刑囚（当時30歳）を逮捕。1980年12月には最高裁で死刑が確定した。その後、2014年3月、静岡地裁が再審開始を決定、同時に袴田死刑囚の死刑と拘置の執行を停止する異例の決定を出した。2023年3月、東京高裁が検察側の即時抗告を棄却。検察が特別抗告をしなかったため、再審が開始されることになった。

1992年ごろだったか、この事件に関する記事を書いたところ、静岡支局に「反動

記者、三枝はやめろ」などと書かれた大量のファクスが届き、戦慄したことがある。「二つに割れた弁護団」という見出しで、主に東京で結成された弁護団と地元・静岡を中心とした弁護団とで方針が分かれ、対立が表面化している、という内容の記事だった。

袴田事件は現在、再審開始が決定し、無罪判決を得られるのは確実だといわれている。だが、まだ僕がいた当時は静岡地裁のもとで、再審開始をするかどうか、の審議が行われていて、先が見えないころだった。当時は裁判所、検察、弁護団の三者協議が裁判所で行われると、東京の弁護士たちと静岡の弁護士たちは別々に会見を行っていた。

東京の弁護団は1971年に発生したユーザーユニオン事件で東京地検特捜部に恐喝未遂容疑で逮捕され、有罪判決が確定した経験を持つ安倍治夫弁護士が中心となっていた。検事出身ながら、かなり戦闘的な労働組合の顧問弁護士を務めていた。安倍弁護士は、袴田事件で押収された「5点の着衣」は袴田巌死刑囚のものではなく、県警が捏造したものだという主張を繰り返していた。

僕の記事は、決して冤罪説を否定するものではなく、「証拠の価値を『捏造の疑い』を指摘して突き崩し、減殺《げんさい》するのではなく、積極的な無実の証拠を探すべきでは」という趣旨だったのだが、夕方、支局に戻った際、「わっ」と声をあげてしまった。

数えきれない枚数の抗議文がファクスで届いていて、「三枝はやめろ」「反動記者」などと書かれていた。書いた主はすぐに判明した。平野雄三さんという袴田さんの支援者だった。

当時、安倍弁護士は三者協議が終わるたびに静岡県警記者クラブで記者会見をしていた。先にも書いたが、庁舎管理権を警察は持っていなかったから、「警察の偽造だ」と主張する弁護士や支援者が県警記者クラブを自由に利用することができた。

冤罪オタクの反論

ファクスが届いた直後にも静岡地裁で三者協議が行われた。安倍弁護士らがレクチャーをする前に静岡朝日テレビの年上の記者がニヤニヤ笑いながら「さすが産経だ。随分と反動的な記事を書くといって、支援者の人が笑っていたよ」と話しかけてきた。レクが始まると、手を挙げて猛然と反論した。「冤罪オタク」で社内でも知られている身でもあるし、書いた記事に嘘はないはずだ。このまま他社の、恐らくは自分より袴田事件のことも、法医学についても知らないであろう記者に、反動呼ばわりされ続けるのは心外だし、頭に来ていた。それに右寄りの思想に染まったがために、この記事を書

つけたものだ、とも」

いたと思われてはあまりに不本意だった。

「5点の着衣について、安倍先生は表生地に裏生地から血が染み込んでいるとおっしゃる。裏生地から血が染み込むことは通常あり得ないのだから、これは県警が血をつけた証拠だ、とも言う。擦れた跡があるから、これも誰かが着衣を発見後に手で血をなすりつけたものだ、とも」

安倍弁護士は目をまんまるにして僕を見ていた。僕は続けた。

「しかし、あの着衣は返り血を浴びた犯人の着衣である可能性が高いわけです。しかも麻袋に入っていた着衣は裏返しにして、脱いだ状態で見つかっていたと聞いています。普通に考えれば、返り血を浴びれば、犯人は慌てて着衣を脱ぎますよね。それをひとつの袋に脱いだままの状態で入れますよね。裏返しになった着衣をわざわざ表に直してから入れる余裕はないと思います。すると、まだ乾いていない血がついた着衣を裏返しに脱いだ状態で、ひとつの袋に入れれば、裏生地からも血が染みますよね。当然、擦れたような跡がつきますよね。何ら矛盾はないと思うのですが」

安倍さんはしばらく黙っていた。

「まだあります。先日、先生は刃物の刃体の長さよりも遺体の傷の深さが深いのはおかしいと仰った。袴田死刑囚が使用したとされるクリ小刀ではあの傷はできない、と」

僕はかねてからカバンにしまってあった八十島信之助という法医学者が書いた『法医学入門』（中公新書）を引っ張り出して、ある一節を読み上げた。

「『表面にたいして斜めに刺されることも多いはずである（略）こういうときには、創口の長さが刃器の幅より大きくなっているのは当然である』――この本を読む限り、刃物の長さと創傷が合わないというのは法医学的に何ら矛盾はないと思うのですが」

僕は高校時代の親友が日大医学部に進み、彼の家に遊びに行ったついでに法医学の授業にもぐりこんだことがあった。

法医学の教授は、練馬の交番の2警察官殺害事件で司法解剖を執刀していた。教授は、逮捕された男から押収した刃物の刃体の長さより、警察官に残されていた傷の創傷の方が深く、それが不思議だ、と言っていた。

そのことも話した。周囲の記者の誰もが黙っていた。呆れていたのだと思う。

安倍弁護士は、何か二言、三言、警察が仕込んだものだ、という趣旨のことを言った。が、それ以上は反論してこなかった。

平野さんはレクが終わった後、「ファクスを送ってごめんなさい。随分と詳しいんですね」と話しかけてきた。それから彼とは思想信条はかなり違うが、年に数回、食事をしに行く間柄になった。

彼と食事をすると、いつも冤罪事件の話で盛り上がった。僕は弘前大教授夫人殺し事件や梅田事件が、いかに自分の人生に影響を与えたかを熱弁し、平野さんは「狭山事件の石川一雄さんは絶対に無実だ」などと言った。

立場は違っても、こうした話をしているときは楽しかった。

ただ、彼には「マスコミにああいう文書を流すのはやめてください。こっちはついこの間までお気楽な大学生だったんだから。縮み上がりましたよ」と抗議ファクスについての苦情だけは言っておいた。

彼ら支援者が心血を注いで支援した袴田事件は再審開始が決定し、狭山事件は第3次再審請求中だ。狭山事件の石川さんは85歳になっている。

平野さんは僕が警視庁担当をしている頃、まだ40代ほどの若さで亡くなった。癌だと聞いている。安倍弁護士は私と口論をした直後の1992年6月、弁護団を離れた。やはり弁護団は分裂した（その後、静岡側の弁護団が存続する形で、弁護活動、支援活動を継続）。安倍弁護士も1999年、79歳で亡くなった。

5
記者クラブで顰蹙を買う日々を過ごす

女子高生絞殺事件

1992年2月14日、静岡県焼津市で強盗殺人事件が発生した。女子高生が留守番をしていたときに外から押し入った賊に絞殺されてしまったのだった。

現場周辺を警察がすでに規制していたが、規制線の外の住宅を何軒か回っただけで、不審な人物の目撃情報が出てきた。

「黒いフェアレディZが庭先に停まっていて、男が出たり入ったりしていたよ」

近所というものは、見ていないようで、見知らぬ人間が来ると、よく注意を払うものだな、とつくづく思う。防犯カメラなどほとんどない時代だったが、その日のうちに「黒いフェアレディZに乗った男」という有力容疑者が浮上した。

翌日、女子高校生の同級生はいないか、と近所を歩き回ったら、夕刻に同級生だという女の子を探し当てることができた。

「バレンタインデーだったから、チョコレートを作っていた。彼氏ができたのかもしれない」と言う。

「その彼氏はフェアレディZに乗っていた？」

「いや、そこまでは分かりません」

そうこうしているうちに日が暮れてしまったので、これ以上は明日だな、と県政担当兼清水通信部担当で、応援に入っていたN先輩と焼津警察署に向かった。玄関扉が開いたところに、テレビ静岡のY君という、僕と同期の記者がいた。

テレビ静岡はフジテレビ系列の静岡の民放局で、当時、事件に滅法強かった。あとで思えば、事件報道でこんなにたんこぶのつけ合いをしている地方の記者クラブは全国でも珍しいと思うほど、抜きつ抜かれつの激しいところだった。もっともこちらは抜かれつ、の専門だった。

当時、夕刻の「スーパータイム」の全国ニューストップで、県内の殺人事件に関する、こちらが全く与《あずか》り知らないニュースを特報され、大げさでなく倒れたことがある。

Y君は僕の方に目をやると、ニヤリと笑った。悪い奴ではないのだが、自分を大きく見せようとする気質のある男で、何かテレビ静岡がすっぱ抜くと「これ、俺が取ったんだ」と嘯《うそぶ》くのが常だった。僕やNHKの記者などは「お前のわけ、あるかい」とバカにして笑ったものだが、その時も焼津警察署でのY君の顔には「俺に訊け」と書いてあった。

「何だ、またスクープでも取ったのか?」と訊くと、思った通り、乗って来た。

「うちさ、夜の8時45分の全国ニュースでバチッと行っちゃうからさ」

バカだな、こいつ、後で先輩記者から怒られるぞ、と思ったが、一方で「ヤバい。警察は例のフェアレディZの男を呼んでいるのか?」とも思った。

署の裏に回ると、何と県警の捜査1課や鑑識課の幹部の見知った顔が車庫の前に集まっているではないか。

「何? 何の用? ブンヤが来るところじゃないんだよ」と黒いスーツ姿の一団の中から鑑識課の幹部が強い口調で言った。そのとき、チラリと黒い車のシルエットが見えた。胸の鼓動が高鳴った——Zだ。フェアレディZだ。

「ああ、すみませんね。トイレに行きたくて」

と我ながら訳の分からない言い訳をして踵《きびす》を返した。

「Nさん、ヤバいです。Zが押収されています」

「何やて？　ホンマか」

「お前、容疑者逮捕の予定稿、出しとったよな」

「はい」

「よっしゃ、分かった」

先輩は署の外に走って行った。数分して帰ってくると、「デスクにお前の原稿、載せてもらうように頼んどいたで」と息せき切って言った。

交友関係にあった顔見知りが容疑者ではないか、という線、つまり「痴情」の線を強く出した原稿だった。

「Y、恩に着るぜ」と彼の横顔を見て思った。午後9時を回った。もう県版の締め切りは過ぎたはずだ。大丈夫だろうか、と不安になった頃に、県警広報課の警察官が「午後9時半から焼津署で会見をやります」と言った。

ウワッというどよめきが、そこにいた記者の一団から起こった。

「逮捕ですか？」と誰かが言った。

「分かりません。とにかく9時半に署の講堂で」

逮捕に間違いないと確信した。会見は案の定、逮捕会見だった。ところが配られたペーパーを見ると、どこかおかしい。Nさんが「おい、こいつ30歳過ぎとるぞ。ホンマに彼氏やったんか？」と小声で訊いてきた。

「多分、そうだと思いますよ。フェアレディに乗っていたし」

敏腕デスクの機転

刑事部長と焼津署長、それに捜査1課長が並んで会見が始まった。会見の終わりごろに挙手した。

「容疑者は被害者と交友関係にありましたか？　顔見知りとか」

刑事部長はこちらの目を見て、

「その関係は現在、出ていません」ときっぱり言った。

「おい」

N先輩が悲鳴のような声を上げ、窓の近くに走ると、当時、支局に1～2台しかなかった携帯型の弁当箱のような電話でデスクと話し始めた。

「いや、それが面識がないそうですわ。ええ。どないしましょ。はい。分かりました」

意気消沈して支局に帰った。やってしまった。殺人事件の被害者を貶めることになるかもしれない。何ていうことをしてしまったのだろう。ドアを開けると、デスクは、

「おう、ご苦労だったな。良かったじゃないか。恐らく他の全国紙は『逮捕』は入っていないと思うぞ」

「いや、その件ですが……。すみません」

頭を下げたら、横で先輩も同じようにしていた。

「おう、そんなこともあろうかと思ってな。その線は俺が勝手に弱めておいた。読んでみろ。多分、大丈夫だと思うぞ。どっちともとれるだろ」

急いでゲラ刷りを手繰り寄せると、確かに痴情とも強盗目的とも、どちらにもとれる曖昧な原稿に変わっていた。

カメラマンとして産経新聞に入社した小野義雄デスクは連続企業爆破事件の主犯格逮捕の瞬間を撮影するスクープを放ち、新聞協会賞を取った後、警視庁捜査1課担当として多くの事件を取材した産経きっての事件記者だった。いわば骨休めで静岡支局のデスクをしていたのは僕にとっては幸甚といえた。

翌日、記者クラブに出ると、何人かの記者に「産経は知っていたんだなあ」と言われた。まさか、テレビ静岡のY君のおかげで……ともいえないし、前夜にあわや誤報の騒ぎが起きていたとも言えず、笑ってごまかした。

これが別件逮捕といえるのか

ところが、この容疑者が逮捕から20日後、いざ起訴か、という勾留満期を迎えようとする段階で、処分保留で釈放された。ただ、殺人事件の前日の2月13日に同じ焼津市で強盗事件を起こしており、そちらの事件の強盗未遂容疑で再逮捕された。こちらの被害者は女子中学生だった。

処分保留で釈放、というのは珍しくもないが、当時は記者1年生だったこともあり、静岡地検の次席検事のレクチャーでは正義感にかられた新米記者連中からその件に質問が集中した。

次席検事はズーズー弁というか、北関東から南東北の出身なのだと思うが、訛りがきつい人で、そのイントネーションは独特だった。

「そんなこと言われたって、喋れねえもんは喋れねえから」

激高したのは、朝日のN君だった。早稲田の政経学部学生委員会の委員長をしていた例の警察嫌いの記者だ。

「人が逮捕されているんですよ。釈放したっていうことは、今までが不当逮捕だったたってことじゃないかっ」

「不当逮捕じゃないでしょ。さらに捜査が必要だってさっきから言ってるでしょ」

「釈放した理由をこっちは訊いているんですよ。ただ、補充捜査が必要なんて言ったって、そんなことは理由になっていないだろ。理由を言えよ。犯人じゃなかったんだろ」

「言えねえもんは言えねえっての！」

次席検事はとうとう怒り出してしまった。僕もN君に追随して、何か非難めいたことを言った気もするが、専ら先頭に立っていたのは彼だった。日頃、警察回りはほとんどせずに左翼の活動家と酒ばかり飲んでいる男である。

いつぞやは彼から新左翼出身の市議との飲み会の場に呼ばれ、聞いたこともない労働歌「インターナショナル」を歌え、と言われ、肩を組んで歌わされたときは、パクパクと口を開けたり閉じたりして、戸惑いながら歌ったふりをしていた。

彼は警察の悪口を始終言っていて、夜討ち朝駆けなどは間違ってもしない男だった。

が、こういうときだけは実に生き生きとしていた。

結局、「補充捜査のため」という理由のほかには、何ら目新しい事実を得られることもなく、少年探偵団は記者クラブにすごすごと引き揚げた。

翌朝の各紙は警察に批判的だった。僕は小野デスクに「補充捜査というのは、まあまあることだからこれくらいで無実だ、冤罪だというのは気が早すぎる」とレクチャーを受け、それなりに納得して引き下がっていたので、「普通の」記事になっていたが、朝日や毎日は批判的だった。

特に毎日新聞は「別件逮捕に批判の声」という見出しで県版トップで報じていた。これには違和感を覚えた。本来、別件逮捕というのは、殺人事件などの重大事件では立件するほどの容疑が立証できず、仕方がないので、例えば友人の顔を平手打ちしたとか、背広を1着借りたまま返していなかった、とかいう微罪の容疑で逮捕して、取調室では専ら重大事件のことばかり調べることを言う。

これは別件逮捕には当たらないのではないか。第一、「批判の声」をあげているのは、専ら自分たちだろうに。強盗というのは立派な重罪だ。しかも家屋に押し入り、留守番をしていた女子中学生を縛り上げるという手口は本件の強盗殺人事件とそっくりで、追及する意義は十分にある。

当時、産経の静岡県版では「記者の声」という名前だったか、小さなコラムがあった。支局の記者に輪番制で回ってくるのだが、デスクに言えば、順番と関係なく書ける仕組みになっていた。そこで小野デスクに頼んで、輪番に僕を割り込ませて、この別件逮捕を取り上げることにした。

翌日のコラムは「これは別件逮捕には当たらない。捜査批判は分かるが、事実に立脚した批判を」という趣旨の1年生記者にしては随分、生意気なものだった。

案の定、共同通信の連中あたりが嫌味を言ってきた。

「記事を書いた毎日の焼津通信部の記者が気にしてたぞ。『産経は右翼だから気にするな』って言っておいたけどな」

別件逮捕の是非に右翼も左翼も関係ないだろう、と思ったが、記者クラブの融和を乱した負い目もあったので、黙っていた。

産経は右翼というレッテル

記者をしている間、こういう手合いの「右翼」「タカ派」というレッテル貼り、誹謗中傷を何度受けただろうか。一方で、インテリ、高級紙を自称する朝日の連中は、よく自分たちを「朝日人」と自称していた。社内報も「朝日人」という名前らしい（今は違うと聞いた）。僕は一度、「ケムール人や三ケ日人じゃあるまいし、何だよ、朝日人って。何だか高慢で鼻につくな」と嫌みを言ったことがあった。

産経新聞は社風が自由で、個性的な記者が多く、他社より多少スパルタなところを除けば、自由にモノを書かせてもらえるし、朝日に落ちて、読売に落ちた末とはいうものの、結果的に自分に合った会社に入れた、と思ったものだ。ただ、静岡県では部数が少なく、1万部もなかったのではないか。

一般紙なのだが、産業経済新聞という名前のせいだろうか、「経済新聞じゃ、だめら～（だめだよ）」と面と向かって言われたこともある。共同通信の記者も「電気屋と間違われた」と自虐していたが、「お前らは良いよ。外報に行けば『世界の共同』って言われるじゃないか」と内心、嫉妬したりもしていた。

産経新聞が息が詰まるような会社だったら、記者クラブの和を乱す、問題児であった自分が30年近くも在籍するわけがない。文句があったのは、給料が安いことだけだ。

ところで、この強盗未遂事件のかどで再逮捕された男は、強盗未遂の公判が始まった後になって、本件の強盗殺人罪で追起訴された。おまけに県警の取り調べに対しては、終始否認を貫いていたのに、1審で無期懲役判決を受けると、「実は自分が犯人だ」と告白した。無期囚となって今も服役中のはずだ。

人権派記者たちは大いに肩透かしを食らったのである。

「抜いた、抜かれた」の意味

ところで、読者の皆さまの中には、「抜いた、抜かれた」と何をバカバカしいことをやっているのか、と疑問に思われた方もいるかもしれない。

実は1年生記者だった僕も、先輩が「血反吐《ちへど》を吐いても、記者は抜かなきゃいかんのや」と冗談めかして僕を脅したとき、内心、冗談じゃないと思った。

「逮捕へ」「逮捕状が出た」という報道は多くの市井の方が考えるように、マスメディアの自己満足に過ぎない側面は否めないと思う。ただ、警察に代表される行政機関に関しては、様々な情報があり、実は不祥事もかなり眠っている。というか、隠されていることが多い。

1992年12月8日、静岡県沼津市西浦久料《にしうらくりょう》の県道のがけ下で中年男性の他殺体が見つかった。この事件については、捜査本部に仲が良い捜査員がいたことから、捜査の内実がかなり分かるようになっていた。

防犯カメラも殆どない時代だった。まず捜査員がやったことは、沼津インターチェンジを中心に高速券を回収することだった。被害者は東京都港区内在住の53歳の会社社長だった。犯人は車で現場に来ただろうから、高速券に指紋が残っているはずだ。

早期に身元が判明したことから、葬儀、通夜に誰が来ていたかも容易に聞き込むことができた。すると、被害者が経営している会社の役員らの数人が参列していなかったことが分かった。

捜査本部が膨大な高速チケットを調べたところ、ある役員の指紋が検出された。

「これで決まりだ」と思ったが、ここからが長かった。被害者は練馬区と豊島区のマンションを拠点にしていたことが分かったが、犯行現場ではなかったのだ。

捜査本部はその後、被害者がその二つとは別のマンションに転居していたことを突き止めた。そして、ある一室に敷いてあったカーペットの赤い羊毛繊維と、沼津の海岸沿いで見つかった遺体をグルグル巻きにしていた粘着テープについていた繊維片が一致したのだ。

実はこれらの事実は、一切発表されていない。練馬区と豊島区のマンションに出入りしていた、までは警察発表があったが、その後、捜査の核心に進むにつれ、捜査情報は秘匿された。だから現場となったマンションの件は内密にされていた。もちろん赤い羊毛繊維の件も高速道路のチケットの件も「捜査上の秘密」として、どこの新聞にも書かれていなかった。

この捜査は結局、4カ月後に3人の男を逮捕して解決したが、捜査過程を知ることができた貴重な体験だった。その過程には何の問題もなかった。しかし、それは結果論に過ぎない。

問題の存在は、日々の地道な取材によってのみ気づくことができるのだ。さすがに今どき、拷問はないにしても、問題のある捜査や逮捕は常にあり得る。「逮捕へ」「逮捕状を取った」といった独自ダネ、スクープは、捜査の内情などをキャッチする延長線上にある副産物のようなものであって、それ自体が最大の目標ではない。しかし、やはり知ってしまったら書く、という結論に至らざるを得ない。

ちなみに、この事件は結局、警視庁が逮捕することになり「静岡県警担当はこの事件に以後、タッチするな」と言われ、僕は容疑者逮捕のXデーは報じることができなかった。

冤罪を防ぐ役割も

捜査の内情が分かるということは、容疑者を逮捕するための材料が事前に分かっているということだ。「○○を証拠として容疑者を逮捕した」とは捜査本部はあまり広報しない。だが、新聞記者としては知ろうとすべきだし、もしも不十分な点があれば、捜査本部にモノ申すくらいでなければならないと思う。それは結果的に冤罪や不当な捜査、逮捕を防ぐことにもつながる。

警察の公式発表のみを「正しい」と受け止めて流すようでは、権力の監視という役割は果たせない。彼らが何をしているかを常に知る必要がある。「抜いた、抜かれた」はその仕事の結果であり、目的ではないというのが原則だ。

もちろんチェック機能はマスメディアの特権ではない。栃木県矢板市で暴走族の少年が死亡した傷害致死事件は、宇都宮地検の次席検事が逮捕にゴーサインを出さずに、冤罪、誤報が防がれたケースである。しかし、こうした経緯も捜査本部の内部に仲の良い捜査員がいたために分かったことだ。

個人的な感覚では、北に行けば行くほど、人口の少ない県に行けば行くほど、どうでもいい捜査情報を隠す傾向が強い気がする。「遺体は仰向けでしたか、うつ伏せでしたか?」「捜査の秘密を暴露することになるので、教えられません」というような問答を何度もした。捜査の内情が分からなければ、捜査批判もできないし、何しろ80行といった長い行数の原稿を求められたときに、書くことができない。

特に警察不祥事は、捜査の「中の人」しか知らない。「逮捕状」「逮捕へ」といった「スクープ」は、その夜ごと朝ごとの取材の副産物のようなもので、記事の内容が「逮捕状」になるのか「遺留品を発見」になるのか「刑事が酒気帯び運転」のような不祥事になるかは、それこそ「神のみぞ知る」のだと思う。

記者クラブに対しては、公式発表やあるいは「リーク」を垂れ流ししているだけではないか、といった指摘もよく目にする。実際にそういう面もあるし、それを仕事だと思っている記者もいるのは事実だ。

だからこそ僕は「幹部ではない」現場の刑事の話を聞きに行くことを優先していた。捜査幹部は全体像を捉えて指揮するので、一度、方向が決まると、そちらの方に記者を誘導しやすい。これが時には冤罪を後押ししてしまうのだ。

現場の刑事は個々の刑事ごとに考え方が違う。特に難事件になればなるほど、その傾向が強い。一つの事件についても、人によって「クロ」「シロ」と見方が分かれることは珍しくない。

2005年12月、栃木県今市市（現・日光市）で小学校1年の女児が何者かに連れ去られ、刺殺体で見つかる痛ましい事件が起きた。この事件では逮捕された容疑者について、栃木県警担当時代にお世話になった刑事さんの意見を聞くと、4人がクロ、一人がシロ説だった。

この事件で、僕は僕なりの結論を得ているが、やはり一方向に決まった結論よりは多様な意見を聞いておいた方が良いと思う。警察幹部だけをあてにすると、「誘導」される危険性があることは否めない。

6　被告人の親族に怒鳴られる

90年代初期の「在日韓国人」を取り巻く空気

近年、在日韓国・朝鮮人の人たちに対するヘイトスピーチが言われて久しい。僕が入社した1991年ごろ、在日韓国・朝鮮人に対して、「朝鮮へ帰れ」などというそれこそヘイトスピーチは、ほとんど聞いたことがなかった。

高校時代、バイト先のバックヤードで差別語を撒き散らして、在日韓国・朝鮮人への悪口雑言《あっこうぞうごん》を口にする者はいたが、言論空間ではそういう物言いをすることなど、考えられなかった。今でもそのきらいがないこともないが、1990年代と比べると隔世の感がある。それは恐らくSNSの普及と1997年、横田めぐみさん拉致事件が発覚し、それに続く2002年、小泉純一郎首相と北朝鮮の金正日国防委員長が平壌で首脳会談を行い、北朝鮮が拉致を公式に認め、5人の日本人の帰国が実現したことが大きいと思う。

新聞記者、テレビ記者の内輪でも似たような感じだった。そのころの空気がわかるエピソードを書いてみたい。

静岡県警記者クラブである日、雑談をしていた際、大韓航空機爆破事件の話になり、共同通信の記者は「韓国の謀略だ」と強弁していた。北朝鮮は地上の楽園であり、北朝鮮が仕掛けた証拠のようなものが示されても、「それは韓国の謀略だ」という会話が普通に記者クラブで交わされていたのだ。

ある日、静岡地裁で脱税事件の論告求刑・最終弁論の公判が行われていた。県内の焼肉店の店主父子が1989、90、91年の3年分の所得税約5000万円を脱税したというよくある脱税事件だった。この父子は在日韓国人だった。

前回の公判で波乱があったので、多くの記者が詰めかけていた。父親が被告人質問の途中、「取り調べ中に検事に殴られた」と言い出したのだ。しかも殴ったという検事は公判に立会検事として出廷していた。

弁護人の質問の際、被告人が「検事が取り調べ中に私の顔を殴りました」と言うと、記者も裁判官も身を乗り出した。立会検事は弾かれたように目を剝くと、反対尋問で猛烈に巻き返した。

「被告人、殴った検事というのは、僕のことで良いのかな」

「……え……は、はい」

「君を調べた検事というのは、僕しかいないんだが。いつ、いかなる場面で僕があなたを殴ったのか、説明してくれないかな」

被告は説明できなかった。二人の被告は「記憶が曖昧な状態で供述調書を取られた」などと主張したが、検事の暴行の件は公判の途中で撤回した。

論告では父親に懲役1年、息子に罰金1500万円の求刑だったが、判決は父親に懲役1年、執行猶予3年、息子には罰金1200万円が言い渡された。検事は別の検事に替わっていた(確か、人事異動があったのだと思う)。

驚いたのは、最終弁論で弁護士が「被告を罰することは静岡に根付いた朝鮮文化を崩壊させることだ」という趣旨の主張をしたことだった。その後も延々とこのような弁論が続いたので、途中から眠気をこらえるのに必死だった。

裁判が終わると、後ろで金切り声がした。

「あんた、裁判の時、寝ていたでしょ！　人が必死に裁判をやっているときに、何と失礼な。ふざけないで頂戴！」

声の方を見ると、被告の親族の女性のようだった。僕の近くにいた別の新聞社の記者が青ざめている。眠らなくて良かった。

「まあまあ、そんなに怒らなくても。陽気が良かったから、眠くなっただよ」

少し間を置いて廷外の廊下に出てきた当の被告である息子がそう言った。その記者に同情した。確かに居眠りは迂闊だったと思うが、裁かれている被告や親族がそこまで居丈高になるものだろうか。

しかし、このころは、在日韓国人に批判的にモノを言うなどというのは、とんでもないことだった。まして、それが新聞やテレビの記者だったら、もはや暴挙といっても良い。我々新聞記者だって、学校で「日本人は戦時中、在日韓国・朝鮮人に暴虐な振る舞いをして、差別をしてきた」と繰り返し教わってきていた。その空気が被告の親族の態度にも影響していたのではないか。

いつぞや、ある著名な人材育成コンサルタントである在日韓国人の女性が、テレビ朝日の討論番組で「(日本人が) 平和な家に入ってきて強姦して、産ませた子供が在日韓国・朝鮮人ですよ」と言ったとき、観覧席にいた一般学生たちが言葉を失い、ある者はウンウンと同意をするように頷き、ある者は悄然《しょうぜん》としていたのを覚えている。平成の半ばくらいまではそんな空気が支配していたのである。

なりすまし

今でも「あれは何だったんだろうか」とふと思い出すことがある。地方支局勤務のときに往々にしてあることだが、後から考えると重大なことなのに、物体がすっぽりと陥穽に嵌《は》まるように人々の目から消えてしまうという事件があるのだ。特に情報があふれている東京近郊の地方都市に多い気がする。

静岡県では地元紙の静岡新聞と浜松近郊で部数を伸ばしていた中日新聞が覇を競っていたし、民放各局とＮＨＫがおり、あまりそういう心配はないはずなのだが、今でも不思議な、そうした事件が１９９１年に起きた。

９月２日、静岡中央署がある男を有印私文書偽造、同行使、免状不実記載などの容疑で逮捕した。男の名前はＪとしておこう。静岡駅から山あいに５～６キロほど北に行った住宅地に居を構えていた。

当時の静岡新聞の見出しには、こうある。

「40年間、他人名義で運転　免許不正取得の男逮捕　静岡中央署」

容疑事実は次のとおりだった。在日韓国人Jは1951年ごろ、静岡市内で一緒に働いていた川島（仮名）という男に「就職の世話をするから」と言って、戸籍抄本を手に入れた。この戸籍抄本を手にJは兵庫県に向かい、兵庫県公安委員会から川島名義の免許証を不正取得したというのだ。

Jは十数回にわたり更新手続きを繰り返し、静岡市内で1987年、88年にスピード違反や酒気帯び運転で警察に調べられたこともあったが、その都度、川島を自称し、その名前を書いて、身元の発覚を免れていた。

本物の川島氏は静岡市内に居住していたのだが、どういうわけか、兵庫県にいたJは1983年ごろから後を追うように再び静岡市内にやってきて、移住したのだった。

1991年7月、Jが静岡市内で傷害事件に巻き込まれ、その被害者として事情を聴かれているうちに、捜査員に身元を怪しまれ、40年ぶりに本当の身元が発覚したという。

静岡新聞には、「日本での戸籍がなく、仕事を探すためにも免許証が必要だった」と供述した、と掲載されている。

仕事を探すために免許証が必要なのはわかるが、それが日本人名義である必要があるだろうか。在日韓国人でも当然、免許は取得できる。それに逮捕時、Jは61歳だったが、無職だったのだ。

Jを逮捕した静岡中央警察署交通課にHさんという警部補がいた。非常に仕事ができる人で、事件を掘り起こしては摘発していた。このときもHさんのお手柄だったようで、彼は僕が警察署内をウロウロしているのを認めると「今、凄いのをやっているんだよ。免許証の偽造だよ。しかも在日韓国人が日本人に成りすましていたという……」と廊下に置かれた長椅子に脚を組んでドカッと座り、得意げに喋った。

Hさんは非常に有能な半面、警察官には珍しく、他人が見ているところでも新聞記者に喋ってしまう癖があった。僕がこの情報を知るのとほぼ同時期に1期上の県警担当をしていた先輩が、やはりHさんから聞いてきたらしく、デスクに先に報告して、特ダネを横取りしようとして大喧嘩になった。

「お前は夜回りもしていないくせに俺に意見するのか」と訳の分からないことを言うので、「先輩だって、県警回りなのに、なぜ静岡中央署なんか回っているんですか」と口論になってしまった。幸い、実のところ、どこの社もほぼ全員が知っていたので、トラブルらしいトラブルにもならず、支局内では静かにこの問題は軟着陸した。産経新聞の特ダネにもならなかった。

人権派弁護士の登場

ところが翌日から別の意味で大騒ぎになった。静岡県警記者クラブに県下の刑事、民事の両方の裁判で活躍し、名前が知られていた人権派弁護士らがやってきて、記者会見をやったのだ。

「静岡中央警察署がJさんを逮捕したのは不当だ。直ちに釈放すべきだ」と言う。翌日からは警察署の前に支援者と思しき人たちが十数人ほど集まって「Jさんを返せ〜、釈放しろ〜」とシュプレヒコールを上げるようになった。

人権派弁護士は意気軒高だ。「有印私文書偽造程度の容疑で逮捕、勾留するなど、人権意識のかけらもない。直ちに釈放すべきだ」と吠えた。今にして思えば、有印私文書偽造罪は3月以上5年以下の懲役だから、軽いとはいえない罪状だと思うのだが、新米記者で不勉強だった僕は、ただ目を白黒させて事の推移を見ているだけだった。

当時の交通課長は実直を絵に描いたような人だった。お手柄のはずが「人権意識がどうのこうの」と警察署の出入口を市民団体に陣取られ、その狼狽ぶりは見ていて気の毒なほどだった。

J側は勾留理由開示請求という、過激派がよく使う請求を起こして徹底抗戦した。

勾留理由開示請求は「何人も、正当な理由がなければ、拘禁されず、要求があれば、その理由は、直ちに本人及びその弁護人の出席する公開の法廷で示されなければならない」という憲法34条後段を根拠とした立派な権利なのだが、実際は請求されても「証拠隠滅の恐れがある」と検察側が抗弁し、裁判所はそれを追認して終わり、となることが多い。この開示請求がきっかけで釈放となったケースはそれほどないので、通常はあまりやらない。

ところが、予想に反して静岡地検は逮捕から10日後の12日、外国人登録法違反、有印私文書偽造、同行使などの罪で静岡地裁に起訴するとともに被告を保釈したのだ。左派系市民団体の「ピープルズ・パワー」を見せつけられた思いだった。保釈されなければ、最大で23日間拘束できるわけだから、警察署を取り囲み、勾留理由開示請求をした意味はあったということだ。

J被告は裁判でもなぜ他人の免許証を偽造したのか、という動機面での供述はほとんどせずに結審した。判決は執行猶予付きの有罪判決だった。

Ｊは法廷からそのまま弁護士会館に向かい、再び記者会見が行われた。その際の質疑応答はほとんど覚えていないのだが、ひとつだけ今でも鮮明に覚えていることがある。

毎日新聞の記者が「よりによって、なぜ別人である日本人になりすまそうとしたのですか」と至極、真っ当な質問をした。Ｊは顔を一瞬歪めて一言だけ言った。

「愚問ですね」

起訴した際の説明ではＪは外国人登録をしなかったため、１９５０年に罰金刑の判決を受けた。が、その後も１９９１年７月まで外国人登録申請をしていなかった。

彼がなぜ日本人になりすましていたのか。日頃はどういうことをしていたのか、何で生計を立てていたのか、突っ込んで取材すべきだった、と後悔している。いささか自己弁護だが、当時は着任してまだ3カ月足らずのぺーぺーで、忙しく、車もまだ持っていなかったので、遠くまで出かけて深く突っ込んで取材をしよう、という意欲が湧かなかった。

それに、あれほど市民団体が「人権侵害だ」と騒ぐのを見せつけられては、下手に彼の身辺を嗅ぎまわって「産経の記者が人権に反した取材をしている」と難癖をつけられるのが怖かった、という自己保身も働いたと思う。

いずれにせよ、摘発したのが公安ではなくて交通課だったこと、裁判でも突っ込んだ動機面でのやりとりがなく、早期に結審してしまったことから、男がなぜ日本人になりすまして静岡に住んでいたのか、今でも腑に落ちない。もっと取材をしていれば、彼の身元を偽った背景が分かったと思う。

当時はまだ「背乗り」という言葉も知られていなかった。「背乗り」とは、北朝鮮の工作員が、日本で活動するために、日本人をさらうなど、不正な手段で日本人になりすます手口のことである。

6年後の1997年、横田めぐみさん事件が発覚し、世に知られた後であったならば、市民団体が警察署を取り囲み、シュプレヒコールを上げる事態になっただろうか。別の展開になった可能性もあるのではないだろうか。彼が北朝鮮の工作員でなかった保証はどこにもない。

7 殺人鬼の無罪を信じた共同通信の記者に驚いた

「小野さんに限って！」

1992年のある日、産経新聞の社会面に掲載された一つのベタ記事を巡って、静岡にいる2年生記者同士で論争になった。首都圏連続女性殺人事件の容疑者として逮捕されたが、その後、無罪が確定し、自由の身になっていた小野悦男という男が、事務所荒らしをして、住居侵入、窃盗などの容疑で警察に逮捕された、という記事だった。掲載したのは産経新聞1紙だけだった。

「産経は偏向しているよ」

共同通信の同期のA記者が口火を切った。

「なぜ？」

と返すと、猛然と彼は産経の「偏向ぶり」を非難し始めた。

印象がほとんどなく、彼の実際の名前を覚えていない。覚えているのは、「産経」を妙に敵視していると感じられるフシがあったことだけだ。A記者はこう言った。

「これは何かの間違いだよ。小野さんに限って、こんな事務所荒らしなんかするわけがない」

しかし、小野被告は東京高裁で無罪になった際も、一部の強姦事件と窃盗事件は有罪になっている。殺人と死体遺棄などの主要部分が無罪になっただけだ。刑務所を行ったり来たりする人生を送っている人物を「懲役太郎」ということがあるが、小野被告はまさに懲役太郎だった。

そういう趣旨を説明するのだが、「いや、共同通信では小野さんに来てもらって、捜査の実態などを語ってもらったこともあるんだ。小野さんがこんなことをするはずがない」と譲らない。

「じゃあ、産経の誤報だとでも?」といささか気色《けしき》ばんで反論すると、「いや、誤報だとは言わない。だが、警察が間違っているかもしれないじゃないか」と言った。

しまいには「冤罪の被害者の出所した後の行状を記事にする必要があるのだろうか」

と言い出した。僕は呆れたけれども、他社の記者もA記者と同じ感想を持ったのかもしれない。そうでなければ、「冤罪のヒーローが事務所荒らし」というネタを記事にせずに見送るなどということがあるはずがないからだ。

7　殺人鬼の無罪を信じた共同通信の記者に驚いた

それは「でっちあげ」なのか

小野被告とは、ちょっとした因縁がある。

冤罪事件にのめり込む前に最初に読んだ「実録モノ」が、小野被告が1979年に記した『でっちあげ　首都圏連続女性殺人事件』（社会評論社）という本だった。自身が「でっちあげ」の被害者であると訴える内容である。

共同通信記者で後に同志社大教授に転じた浅野健一氏は中島俊というペンネームで『でっちあげ』に寄稿し、「その人柄に接し、小野さんが殺人をやるような人ではないと確信を持つに至った」と記している。ほかにも8人を殺害、計370人以上を負傷させた三菱重工爆破事件を起こした東アジア反日武装戦線のメンバー、果ては連続ピストル魔の永山則夫が応援メッセージを寄せているなど、なかなかに香ばしい。

僕はこの本を読んだとき、逮捕当時の報道の激烈さには顔をしかめたが、冤罪かどうかは疑わしいと思っていた。なぜなら彼の供述通りに被害者の傘などが見つかっていたからだ。本では、それを「警察が仕掛けたものだ」という。しかし、物的証拠が見つかっているのに、「警察が仕掛けたものだ」と安易に推測してしまうのはどうなんだろうか、と思った。

小野被告は1991年に2審の東京高裁によって1審無期懲役判決が翻され、無罪が確定したのだが、その後、東京都足立区の都営住宅の1階に住んでいた。「偏向」した産経新聞が報じた住居侵入、窃盗事件はこの翌年の出来事である。

首なし遺体と小野悦男

そして1996年1月9日、東京都足立区東六月町の駐車場で女性のものとみられる首のない遺体が発見された。当時、僕はもう静岡を離れ、東京で警視庁生活安全部担当をしていた。捜査1課を担当していたのが、大学の1期下で、例の立て看板を蹴飛ばした大島真生くんだった。

3月頃だったと思う。ある夜、大島くんがベロベロに酔っぱらって警視庁記者クラブのボックスに戻ってきた。彼は僕が冤罪事件に詳しいことを知っていた。学生時代から彼には折に触れて話していたからだ。

「冤罪オタクの三枝くんに質問です」

真っ赤な顔で体をフラフラさせながら、彼は僕に訊いた。

「首都圏連続殺人事件で無罪判決を勝ち取った小野悦男の血液型は何型ですか？」

「O型だよ」

と答えると、大島くんはニヤリと笑って、

「さすがオタクは伊達じゃないな。実はさ、足立区の駐車場の首なし死体の現場に落ちていた布団と軍手からO型の血液型反応の汗が出ているんだよ」と言った。

「なるほどね。で、小野が犯人ってわけか」

「まだあるんだ。半径500メートルの住宅地を警視庁は、どこの家が何の新聞をとっていたか、調べ尽くしたそうだよ。1軒だけが朝日と赤旗の2紙をとっていた」

大島くんから遺体を焼いた現場で新聞紙が見つかっていて、犯人がそれに火をつけた可能性が高いことは聞いていた。それが朝日新聞と赤旗だったとは知らなかった。

「まさか、その1軒が小野悦男だとか言わないよな」

「そのまさかなんだな」

と大島くんは実に嬉しそうに続けた。

それから数週間、僕は自分の担当事件でもないのに、気が気でなくなってしまった。警視庁は「冤罪のヒーロー」を追いつめることができるのだろうか。それに産経以外、この事実に気づいている社はあるのだろうか。

捜査員の尾行を振り切り

ところが4月26日、逮捕劇は意図せずに実現した。警視庁捜査1課は小野を容疑者としてマークし、24時間の監視態勢をとっていた。小野は知ってか知らずか、道行く女性に声をかけたり、自転車で追いかけたりしていたのだという。

ところが、あろうことか、捜査員の尾行を振り切り、姿を消してしまった。その際に5歳の女の子に性的暴行を加えた上で首を絞め、一時は意識不明の重体にさせる事件を起こしたのだ。女の子は倒れて人事不省になっていたところを捜査員が発見したと聞いた。女の子は一命をとりとめた。

小野は警視庁に逮捕された。その際、当時の寺尾正大捜査1課長（オウム真理教事件の捜査を指揮した警視庁の名物捜査1課長）のレクチャーの様子を録音したテープを当時、大島くんとは別の捜査1課担当記者から聞かせてもらったことがある。

　寺尾捜査1課長は厳かな声で「殺人未遂被疑事件の容疑者の逮捕を公表させていただきます。被疑者、東京都足立区東六月町、土木作業員、小野悦男」と一気に言うと、「繰り返します。小野悦男」とわざわざ反復した。

　誰かが「エーッ」と叫んだのを機に椅子がガラガラと音を立て、駆け出す音が聞こえてきた。警視庁にとっては、変則的な形にはなったが、念願の逮捕劇だった。江戸の敵《かたき》を長崎で討つ、とでも言うべきか。

　小野容疑者は本件の殺人、死体遺棄容疑で再逮捕された。容疑者が逮捕された後で被害者の身元が確認された。

　自分の夜回り取材が終わった後の未明に、静岡にいたころに仲が良かったNHKの記者を誘って、小野が住んでいた都営住宅を見に行った。階段前にリヤカーが置いてあった。彼が「まさか、これで首なし遺体を現場まで運んだとか、ないやろな」と言った。「血がついていたりしたら怖いな。暗いから見えないだろうけど」と返した。

　が、裁判で、小野がこのリヤカーを使って遺体を現場まで運び出していたことが明らかにされた。首は都営住宅の自分が住む部屋の目の前にある花壇に埋めていた。被害者の陰部は冷蔵庫にラップで丁寧に包んで入れてあったという。

今度こそ、小野は言い逃れができなかった。1999年、小野に下された無期懲役判決が確定した。彼は今も服役中である。

静岡市長の絶句

小野悦男という男に対して、過度に忖度をし、彼の事務所荒らし（この事件では懲役2年の実刑判決を受けた）を報じた産経を「偏向だ」と批判した共同通信のA記者とは、ほかにもこんな出来事があった。

僕は記者3年目には静岡市役所の担当になった。2年警察を担当して、それなりに楽しかったので、もう少し長くやりたかったが、仕方がない。

ところが静岡市役所担当に着任して早々、毎日新聞が静岡版でキャンペーンをやってきた。

当時の天野進吾市長が京都の土木業者に便宜を図ったのではないか、という「疑惑」の連載記事だった。この土木会社は、静岡市郊外に砂利採石場を持っていた。この砂利で静岡港を埋め立て、一大住宅地を開発するという構想を進められるよう、土木会社に天野市長が便宜を図ったのではないか、と毎日新聞が連日報じていた。

それから市議会は大騒動となった。議会が開会されるたび、「天野市政で談合が噂されている。それは裏ジョイント疑惑だ」とか「静岡市内の建設業者と癒着があったのではないか」と質問があり、そのたびに県内のニュースはトップ扱い。新聞も連日、県版トップだった。

果ては、共産党を除名になり、無所属となっていたHという市議が、市長が韓国・済州島のホテルに女性と入る瞬間の写真とやらを大写しにした写真パネルを議場に掲示し、「天野市長、あなた、この韓国旅行は、市内の土木業者が航空券を手配しているそうじゃないですか。あなた、この女性と○○ホテルの○○○号室で何をしたか、言いなさい！」と啖呵を切った辺りは、クライマックスだった。恐らくそのころ、全国の県庁所在地でこれほど盛り上がっていた市議会はほかになかったのではないだろうか。

天野市長は連日、答弁に追われていたが、このときはショックのあまり絶句し、議員の名を叫んだ。市議はそのまま天野市長の方を見ていたが、天野さんは「何だ、その顔は！」と続けてしまい、議場は爆笑の渦に巻き込まれた。

最終的に静岡県警捜査2課が動き出し、市役所の課長が逮捕された。韓国行きを手配した建設会社の社長も贈賄容疑で逮捕された。建設会社は市役所の課長に賄賂を贈っていたのだが、本当の狙いが天野市長にあることは誰の目にもはっきりしていた。天野市長は事情聴取を受けたものの、逮捕されることはなかった。静岡駅で記者団に囲まれた天野市長は「私とカネは交わらない」と大見得を切ったものだ。

市役所担当だった1年間は毎日がこんな感じで、激動だった。毎日新聞が次々に新しいネタを特ダネ記事にしてくるので、すっかり参ってしまった。それまでは、警察に強い静岡新聞と読売新聞を購読していたのだが、慌てて毎日新聞に切り替えた。ところが、毎日新聞は静岡県の配達時刻が早く、午前3時半ごろには配られる。そうなると、気になってしまい、毎日新聞を見るまでは寝られなくなってしまう体たらくだった。コトンと音がするのを確認すると、新聞受けから毎日新聞を取り出して静岡県版を開き、何もなければやっと8時まで眠れるという日々だった。

僕も必死でやったが、なかなか特ダネにはありつけなかった。

反動新聞が！

ある日、社会党の議員団控室を訪ねた際、女性のB市議がひとりで佇んでいた。一見して様子が変だった。

「Bさん、どうしたの？　浮かない顔して」と言うと、「私、H（市議）に脅されてる」とポツリと言った。

「脅されてる？　何で」

「私、天野市長の後援会からお金を受け取っちゃった。陣中見舞いで。いや、1万円程度なんだけどね。公明党も自民党ももらったらしい。ただ、公明党は後で返したって言うよ」

これは大変なことを聞いた。当時の天野市長は2期目だった。彼は反消費税を訴えて当選していたため、地元の自民党静岡市議団とは溝ができていた。2期目に出馬する際、一時は波風が立った自民党と関係を修復し、公明党、社会党を味方につけたかったということは考えられた。Bさんは僕の去り際、背中に言葉を投げた。

「Hはね、近くこの話を暴露するみたい」

その日からは公明党市議を連日、夜討ち朝駆けした。幸い静岡市議団はどこの党にもかなり仲の良い市議がいて、公明党にもそういう人がいた。もらってしまった自民党や社会党は口が堅いだろうが、公明党なら喋るだろう、という読みもあった。

「ああ、うちに天野後援会の人が来たよ。名刺も置いていったよ」

ある公明党の市議の自宅を訪ねると、そのベテラン市議はそう言って、奥の間から名刺を2枚持って戻ってきた。

「○○先生、御尽力ありがとうございます。深謝します」と天野市長の後援会幹部の名刺に直筆で書いてあった。○○先生とは、もちろん僕と仲が良かった公明党の市議である。

「先生、これ、もらっていい?」

「ああ、いいよ」

とベテラン市議は鷹揚に答えた。

やっとのことで記事になった。「静岡市長側が公明党静岡市議団に現金か　後日、返却」というような県版トップ記事だった。名刺の写真も添えた。特ダネとはいっても1発パンチを繰り出した代わりに、30発くらい大きなパンチを貰って、こちらはフラフラになっていた。最大限に自慢しても、一矢報いた、というのが関の山だった。

この記事が出た日、共同通信のA記者が「反動新聞が。どうせ裏で天野とグルになっているくせに」と僕に聞こえるように悪態をついた。A記者が調査報道をして、権力側にパンチを繰り出したことは1度もなかった。それを抜かれた腹いせか何か知らないが、「反動新聞が市長とグル」とは、聞き捨てならない。

頭が真っ白になって、A記者に飛び掛かった。

「てめえ、もういっぺん言ってみろ。抜かれた分際で。おまえが仕事しねえからだろうが。反権力気取ったって、記事を書かなきゃ意味ねえんだよ。反動だの、人にレッテル貼る前に仕事しろ。馬鹿野郎！」

胸倉をつかんで振り回した。A記者は静かに「暴力には反対だ」と言った。白けた雰囲気が辺りに漂い、彼の胸元を摑んだ手を荒々しく離した。

さすがに言い過ぎたし、やり過ぎたと思った。彼はそれから一切話しかけてこなくなった。

何年かして、テレビのニュースでA記者の顔を見た。政治部に栄転して、首相番になっていた。当時の首相が誰だったか覚えていないが、彼は総理大臣と歩を合わせるように寄り添っていた。前に陣取ったカメラを見つめる彼の目は誇らしげに見えた。

8　記者クラブの掟を破って朝日記者の嫌がらせに遭う

東京社会部へ

静岡支局に3年間勤務した後、1994年7月、東京社会部に異動が決まった。師匠と慕っていた小野義雄デスクが警視庁第6方面本部回りをした経験があり、そのころの話を聞かされていたので、ついに本田靖春の『警察《サツ》回り』の世界を堪能できるのか、と期待していたら、産経新聞は1993年ごろには方面回りを廃止してしまった。

警視庁は管内を地域別に10の方面に分け、第1方面本部なら丸の内警察署、第2方面本部なら大崎警察署、第3方面本部なら渋谷警察署、第4方面本部は新宿警察署、第5方面本部は池袋警察署、と拠点警察署がある。

大手新聞社は、当時、それぞれの方面に担当記者を置いていた。第1方面担当、第

2・3方面、第4・5方面、第6・7方面にそれぞれ一人ずつ置いている会社が多かった。それを産経新聞は、何を思ったか、廃止してしまったのだ。

遊軍を命じられ、社会部のデスク席の脇で雑用を言いつけられる日々が続いた。遊軍とは、これも新聞社の専門用語で、特定の持ち場を持たずに事件の発生に対応して、警視庁担当を手伝ったり、企画モノがあると、取材チームに入ったりする立場だった。

もともと管理されるのが大の苦手なので、何とかならないか、と思っていた。しかも遊軍というのは、いくつか持ち場を経験したベテランがなるものであって、東京で取材もしたことがない自分がなっても下働きに過ぎないじゃないか、という気もあった。

ある日、妙案が浮かんだ。善は急げ、と上野警察署に向かった。副署長に挨拶をして、勝手に警務課長に名刺を差し出し、その日の夜から上野警察署の当直に顔を出すことにした。

上野警察署は警視庁第6方面本部の拠点警察署だ。忙しいのか、ほとんど記者の姿を見ることはなかったが、記者クラブも一応あった。遊軍記者というのは、持ち場を持たない記者という意味なのだから、自分で勝手に持ち場を見つけて、勝手に警察署回りをするのもありだろう、と誰の許可も得ないで、勝手に顔を出すことにしたのだ。夜が主の仕事だから、昼の雑用をサボったとも言われないだろう。

それに第6方面というのは、大好きだった小野先輩が社会部で初めて警察を担当したところだった。上野警察署は忙しい警察署ではあったが、渋谷や新宿、池袋などの警察署に比べると、おっとりしたところがあった。

ある夜、上野警察署近くの寿司屋に強盗が入ったという。ちょうど宿直責任者と話をしていたら、110番通報が入り、刑事たちがバタバタと出て行った。後を追うと、現場は警察署のすぐ近くだった。店の入口で刑事たちが店主を扇形に囲むようにして、質問を浴びせていた。「背丈は?」「俺より高いくらい?」「どっちに逃げた?」「車に乗ったりした? バイクに乗った? 歩いて逃げたの?」

ちょうど入口の横開きの扉が開いていて、会話が丸聞こえだ。そのままノートにメモをした。すると鑑識係の制服を着た警察官がやってきた。顔を見たことはなかったが、上野警察署の刑事課鑑識係の係員だろう。「ヤバい、怒られるぞ」と首をすくめていたら初老の鑑識係員は「おう、君はブンヤさんかい。随分、現着(現場への到着)が早いじゃないか。えっ? 署にいたのか。それはラッキー、ラッキー、幸先が良いなあ」と鼻歌でも歌う調子で店の中に入って行った。

強盗事件がどうなったか、その顚末《てんまつ》は覚えていない。

この時期の第6方面の大きな事件としては、パチンコ店の支配人が拳銃強盗を追いかけ、撃たれて亡くなった強盗殺人事件があった。しかし、この件では、大して先輩たちの役にも立たずに終わってしまった。

たまに暇ダネを書いたり、いじめ自殺の取材に駆り出されたりと、それなりに忙しかったが、概ね「一人勝手方面回り」記者としては、充実した日々を送っていた。

朝日新聞の記者から怒りの電話

ある日、社会部のデスクから電話がかかってきた。

「君に至急連絡が欲しいと、朝日新聞のKさんという人から電話があったよ」と言う。

そのKは上野警察署で挨拶をした記者だった。

言われた電話番号に電話すると、酷く不機嫌そうな声で件の記者が出た。

「あのさ、君、産経の上の了承を取らないで上野警察署を回っているらしいな」

「はあ、了承を取っていないと言えば、取っていませんが」

「ふざけるなよ。方面回りっていうのは、会社を代表して記者を派遣しているんだ。君のような小僧っ子が勝手に上司の辞令もなく、ウロウロしていては目障りなんだよ」

確かに辞令はもらっていないし、記者クラブにも正式に加盟していない。産経新聞は方面回りは全廃していたが、警視庁記者クラブには継続して加盟しているし、上野警察署は警視庁の1所轄署なのだから、警視庁記者クラブに加盟している産経の記者ならば、別に第6方面の警察署を回ったところで問題はないだろう、と気にも留めていなかった。まさか、そんなことで文句を言ってくる記者がいるとは想像もしていなかった。

ひどく高圧的な物言いに腹が立った。目障りはないじゃないか、目障りは。

「話はそれだけですか。だったらうちの上司とあなたが話をつけて、僕を記者クラブから追い出せばいいじゃないか」

するとK記者は怒り出した。

「そんな言い方するのか、君は。話し合いにならないよね。僕はね、君と話し合いをしたいんだよ。上野署に来ないでほしいんだよ。クラブ員でもないのに」

「あなたのその物言い、話し合いではなくて、僕が屈服して謝罪することだけを目的にしているじゃないですか。そうなら、尚更、下げる頭はないな」と言うと、「話し合いが〜」という声が聞こえたが、公衆電話を叩き切った。

すぐにポケットベルが鳴った。また会社だ。社会部のデスクからだった。

「君の言葉遣いが乱暴だってね、朝日のK記者から今、電話があったよ。君、ダメだよ……」

「デスクは僕の言い分も聞かないで、いったいどっちの味方なんですか」

こちらも決裂してしまった。考えてみれば、辞令ももらわずに個人の勝手で警察署に出入りしているのだから、労務管理の常識でいえば、悪いのはこちらなのは論を俟たない。ただ、記者クラブなどといっても親睦組織のようなものだし、警視庁本庁の記者クラブと違って、入っていなければ取材の便宜を受けられないわけではない。現に上野警察署の記者クラブには朝日、毎日、読売、共同通信、NHKなどが名前を連ねていたが、滅多に記者クラブには来ていなかった。

それに各社の記者にも挨拶し、特段咎められずに仲良くやってきたつもりだ。なぜK記者だけ青筋立てて怒ってきたのだろうか。しかも産経のデスク席にまで電話をして。

上野署の警務課長に顚末を話したら、笑って「警察署なんか、大したネタはないし、普通に来てくれればこれからも対応するよ」と応じてくれた。事実、その後も上野警察署の幹部の対応は変わらなかった。ただ、足は自然と遠ざかった。

幸いなことに産経で事件記者として名高い笠原文夫遊軍長の指揮下に入ることになった。彼はその後も聞かん坊の僕を宥めたり、脅したり、おだてたりして、飽くことなく面倒を見てくれた。少し笠原さんらお世話になった先輩のことを書いておきたい。

松本サリン事件

1995年の元旦、読売新聞が「山梨県のオウム施設付近からサリン残留物を検出」という主旨の記事を1面トップでスクープした。前年6月27日に長野県松本市で発生し、8人が死亡した松本サリン事件は、第一発見者の河野義行さんが疑われたまま、時が推移していた。だが実は警察は事件発生後、1カ月を過ぎたあたりから、宗教団体のオウム真理教のテロではないか、と疑い、水面下で捜査を進めていたのだった。

笠原さんは「お前、これをやれ」と言った。後追いの形だが、この大事件の取材に26歳の若輩者が関わらせてもらえるのか、と嬉しかったから「はいっ」と大きな声で返事をした。「よし、頼むぞ」と笠原さんはウンウンという顔をして笑ってみせた。

「ところで笠原さん、誰の下につけばいいですか?」

「誰の下って、お前が一人でやるんだよ」

「えっ？　一人でですか？」

「文句あるのかよ。うちの社は部員が少ないんだよ。こんな追っかけ取材に人を割けるか。資料集めからやれよ。山梨の上九一色村（オウム真理教のサティアンと呼ばれる教団施設が集まっていた場所）にも行ってくれ」

笠原さんは口が悪い人で、面と向かって「お前は将来性がない。才能がない。お前を採点したら0点だ」としょっちゅう怒られていた。だが、裏では社会部長に「三枝を頼みます。生意気な奴ですが」と言ってくれていたことは、かなり後になって耳にした。

笠原さんは後に社会部長になった。そのころ、僕は宇都宮支局にいて、栃木県警担当をしていた。あるリンチ殺人事件の企画が結果的にスクープのような形になった。記者クラブの電話が鳴った。携帯電話ではなく、固定電話の、それも栃木県警本部受付の交換手が「産経新聞東京本社の笠原さんという方から三枝記者にお電話ですが」という。

電話に出た。笠原さんは開口一番、「おい、新聞読んだぞ。他社のテレビも新聞も後追いで大騒ぎじゃないか。良い仕事したな」と言った。

「ありがとうございます」と返したら、すかさず「おい、お前、調子にのるなよ。お前はすぐに調子に乗るからな」と、それだけ言って、電話は切れた。

栃木県にいる元社会部員を気にして、東京社会部長自ら電話をかけてよこす。そんな社会部長がいるだろうか。それでいて一言、苦言を呈して切る。相変わらずの笠原節だった。胸が温かくなった。

警視庁担当に

オウム真理教の取材が一段落ついた後、紆余曲折あったが、希望の警視庁担当になることができた。同僚は「お前があまりに生意気なんで6人のデスクのうち、3人が絶対反対だったそうだ。3人がまあ、良いじゃないか、という感じ。最後は社会部長の松村雅之さんが『本人が行きたいって言うんだから、やらせてやりゃあ、良いじゃないか』という鶴の一声を発して決まったらしいぞ」ともっともらしく教えてくれた。

ある日、警視庁の宿直の応援に入ったとき、事件も事故も日曜日でほとんどないので、昔の先輩たちの日誌をパラパラとめくっていたら、「今日は生活安全部担当の松村くんが大スクープ」「今日も松村くん、1面トップ」「今日も社会面トップのすっぱ抜き。松村くん、絶好調」と書かれている。当時の警視庁キャップ、山崎征二さんの手による朱書きが躍っていた。

松村さんはいつ、いかなるときでも「大丈夫か。社会部には慣れたか。無理するなよ」と声をかけてはくれたが、自分の武勇伝は一切しない人だった。温厚を絵に描いたような気質の持ち主だった。松村さんには何かと気にかけて頂いた。

「部長、日誌を見ましたよ。連日、スクープばかりじゃないですか」と言ったら、「まぐれ当たりが続くことも世の中、あるんだよ」と静かに笑うだけだった。その松村さんが「本人が行きたいと言うんだから」とまで言って、背中を押してくれたのだから、やってみたけど、ダメでした……は通用しないな、と身が引き締まる思いだった。

上司には恵まれた。ほかの会社だったら、とうにスポイルされていたと思う。友人の朝日記者に「(松村)社会部長に吉野家よりボーナスが少ないと文句言ったら、『吉野家は成功した企業だぞ。失礼なことを言うもんじゃない』とたしなめられたよ」と言ったら「うちなら、そんなことを言ったら次の人事異動で、確実にどこかの島の通信部だよ」と呆れられた。

笠原さんも松村さんもすでに鬼籍に入られた。

朝日のK記者は、その後、東京社会部を出て行ったらしい。誰に聞いてもその消息は分からなかった。

9　人権派記者は警視庁には来ない

警視庁記者クラブへ

１９９６年2月、松村社会部長の鶴の一声もあって念願かなって、警視庁記者クラブの一員となることができた。警視庁キャップには小野義雄さんが内定していた。これは幸先が良い、と内心ほくそえんでいたら、小野さんが心筋梗塞を起こして倒れてしまった。幸い命に別状はなく、ほどなく職場復帰したが、長時間拘束される警視庁キャップの職には到底堪えられまいということで、話が立ち消えになってしまった。

代わりにキャップに決まったのがSさんだった。

新しいメンバーの顔触れを見て驚いた。1年半すでに経験している記者はわずかに二人、あとは半年が二人、それ以外、キャップ、サブキャップ以下、皆が新任だった。そのためか、妙に僕たちに対する先輩の風当たりが強かった。

当然、新任ばかりだから他社にスクープされる。ある記者は可哀想に5回ほど立て続けに抜かれた。すると、少し上の先輩が「今の警視庁は弱いな。情けない」などと言う。社会部の部会（月に一度、会社に集まって伝達事項の確認や取材方針などを打ち合わせる会）で、僕らに対する先輩の小言が原因で荒れたことが何度かあった。

Kさんという僕らより2期ほど先輩の記者が、社会部の忘年会の酒席で捜査2、4課担当の同僚記者に「俺たちが警視庁にいたころは、こんな情けない醜態は晒さなかった。俺は他社に抜かれたことがない。俺なら君たちの状況が続いたら、恥ずかしくて死んでしまう」というようなことを言ったようだ。「もういっぺん言ってみろ。お前らが俺たち下の期に何をしてくれたんだよ！」と怒声が響いた。見ると、彼がKさんのネクタイを摑んで引っ張り回していた。

そんな、先輩からの視線が厳しかった日が続いたある夜、生活経済課の警部補からこんなことを言われた。

「資格商法（の捜査）が大変だから、しばらくは家に来ないでくれ」

「資格商法とは何ぞや」と捜査員の間を飛び回っていると、どうやら英会話の教材を50

万円もの高額で売りつける商法で大儲けしている業者がいるらしい。詐欺でこの手の事件を立件するのは極めて珍しいという。

3週間ほどして、逮捕のXデーもキャッチできた。社長は世田谷区内の高級住宅街に居を構えていた。朝、大型犬を連れて散歩する社長も写真に収めることができた。「きょう逮捕へ」という原稿を出稿した。警視庁の担当になって初めてありついた本格的な独自ダネだった。

同業者がカンカンに

しかし、こういう前打ち記事は当局側が嫌がるのが常で、案の定、生活経済課長はカンカンだった。出入り禁止を言い渡された。ここまでは想定内だったが、警視庁七社会の記者たちに呼ばれた。

七社会とは朝日、毎日、読売、東京、日本経済新聞と共同通信が加盟している、戦前から存在した記者クラブで、警視庁にある三つの記者クラブの中で最も歴史が古く、記者のプライドも高かった。なぜ七社会なのに6社しか加盟していないのかというと、戦前は時事新報という産経新聞の前身ともいえる新聞社が加盟していたのだが、戦後、産経新聞に変わった際に加盟を申請したものの、受け入れられなかったため、と聞く。その七社会の主だったベテラン記者から呼び出された。特に共同通信のK記者はお怒りの様子で、「みんな、あんな資格商法の逮捕状なんていうのは、知っているわけ。知っていた社は課長に通告していたんだよ、以前から。それを君は午前1時半という、最終版の締め切り時間ギリギリに課長に電話したそうじゃないか。せめて午前0時とか、もっと早い時刻に課長に通告して、課長にエントリーしていた社には追いつけるようにすべきなんじゃないのか」と言った。

このエントリー制度というのは少々解説が必要かと思う。例えば、ある贈収賄事件を各社取材していたとする。1社しか知らなければ問題はないが、警視庁記者クラブというところは、各記者が睡眠時間をそれこそ3～4時間程度しか取らないで、鎬《しのぎ》を削っている持ち場なので、当然、2～3社知っている場合が考えられる。

この際、贈収賄事件であれば、所管部署の捜査2課長に着手を知った社は通告する。例えばA社、B社、C社が通告したとする。この場合に、C社が何らかの事情で「明日、記事にします」と課長に通告したとする。その場合に公平を期して、課長はA社、B社に連絡を入れる。「C社さんが明日、報じるそうです」と。すると、A、B社は慌てて予定していた原稿を突っ込む。よく朝刊で2～3紙並んで同じ「逮捕へ」といった記事が出るからくりはそういうことだ。

だが僕にも事情がある。産経新聞は僕が生活安全部担当を拝命した際、住所録がほとんどなかった。保安課に至っては、課長と理事官、管理官一人だけしか住所が書いていなかった。生活経済課も保安課よりはナンボかマシ、というレベルで、スカスカだった。名簿と呼べる代物ではなかった。

Sさんがキャップになったとき、ほとんどの記者が新任だったことは先にも書いた。何人かの記者はネタ元（情報源）をすでに持っていたが、着任直後の記者は、まっさらの状態だから、情報源どころか、刑事の家すら知らなかった。とまあ、勝手な言い分だとは我ながら思うが、あまりに社内の先輩たちの目が厳しく、一刻も早く見返したい、という焦りがあったことは否めない。

104で住所調べ

刑事の家に夜回りすらできないのでは仕事にならない。そこで捜査1課担当に僕と同じ時期に着任したうちの同僚一人と一計を案じた。

104で電話し、住所を探ることにしたのだ。ところが、物事は思い通りに行かぬもので、予想はしていたが、ほとんどの刑事は電話帳に住所など出していない。

固定電話に噛りついている間に、あることに気がついた。珍しい名前、例えば鹿児島県に多い水流《つる》という姓を持つ水流結《むすぶ》という刑事がいたとする（架空の人物です）。例えば「千葉県の水流結さんをお願いします」と訊くと、「その方はいらっしゃいません」と104のオペレーターは答える。

次に「埼玉県の水流結さんを……」「その方はお客様のご要望でお答えできません」と答える。ということは、水流さんは埼玉県に住んでいると分かるわけだ。さらに「埼玉県川越市の……」「埼玉県狭山市の……」と電話をかけまくる。今度は狭山市と分かったら「狭山市中央の……」とか「狭山市広瀬の……」という具合に範囲を狭めていく。

「狭山市広瀬の水流結さんをお願いします」

「その方はお客様のご要望でお答えできません」という声が返ってくると、「よっしゃー」と叫んだものだ。ただ、これを朝からやっても夕方になってようやく1軒判明するのが関の山だった。

やっとの思いで見つけて、水流さんの自宅を訪れたとしても、捜査1課員の場合だと、当時は殺人事件が多すぎてほとんど家に帰ってこなかった。生活安全部の場合はそういう心配はなかったが、朝駆けをした際に「おい、人の家に朝っぱらから何だ。縁起でもない」と怒鳴られるのは珍しいことではなかった。気分も滅入ってくるが、とにかく情報源を作るためには仕方がない、と言い聞かせた。

この方法は今はもうできない。警視庁担当になって1年ほど経ったとき、薬物対策課（当時）の刑事にこの方法をポロッと喋ってしまった。

この刑事は上司にそれを伝えてしまい、警視庁から情報が行ったのだろう。瞬く間に104のオペレーターの答は「お答えできません」で統一されてしまった。

抜かれ続ける日々

社外の怒りはさておき、ラッキーパンチの「資格商法に逮捕状」については、松村社会部長が社会部会でわざわざ「着任3週間で三枝くんが独自ダネを1面で書いた」と言ってくれた。風当たりが強い生意気な僕への援護だった。先輩たちは白けた目で僕をチラリと見やると、再び視線を幹部たちに向けた。

しかし、この後は大変だった。当時、読売、NHKは言うに及ばず、なぜか経済新聞のはずの日本経済新聞も生活安全部担当は強かった。ＫＫＣ（経済革命倶楽部）という全国から約３５０億円を集めた詐欺会社の家宅捜索を日経と読売に朝刊1面ですっぱ抜かれた。その後は来る日も来る日も抜かれた。生活経済課→少年2課（現・少年事件課）→少年1課（現・少年育成課）→薬物対策課の順にネタ元を作る、と張り切ったが、案に相違して全く捗らない。朝5時に起きて迎えの車に乗り込み、千葉や埼玉、茨城の刑事の家を朝駆けし、午前9時半ごろに警視庁に着き、発表を聞いて記事にし、正午ごろから１０４攻撃、午後6時ごろにまた夜回り。当時は3〜4時間程度しか寝られなかった。

僕は生活経済課で抜かれようと、「今は少年2課を回る」と決めたらそこばかり回っていた。ネタ元を各課に最低一人は確保するまでは夜回りをやめない、と言い張っていた。それでも連日、抜かれる。ある日、キャップが読売新聞を読んでいた。1面で僕の担当部署の事件の着手が抜かれていた。手元がワナワナと震えていた。だが、キャップは何も言わずに静かに新聞を置いた。

産経には漏らすな

先述した資格商法の話に戻る。警視庁幹部によると、「産経には絶対に漏らすな」が合言葉だったという。産経に喋ると、すぐに書いてしまうと言われていたようだ。警視庁の伝統ある七社会の先輩記者たちが怒り心頭に発したのは理解できるが、産経には産経の事情がある。朝日や読売は当局と細かい折衝をした上で書く、という一種の信頼のようなものがあったので、捜査員も捜査幹部も口が若干、軽くなるのだ。一方、産経に言ってしまったら最後、秘匿していた捜査内容が記事になって出てしまう。交渉事にもまず乗ってこない。こんな伝統が悪循環になって「どうせ各社知っているなら、先に書いてしまえ」という風土が当時はあった。

「他社はどうだ、知っているか？」

「2、3社、気づいているようです」

「『きょう逮捕』では並ばれるかもしれないな。『週内にも逮捕』で、2〜3日前に書いちまうか」などという会話は頻繁に産経新聞のボックス内では交わされていた。

これは同じ産経社内でも大阪社会部の記者には、よく軽蔑の意味を込めて指摘された。「早撃ちガンマン」とか「遠距離砲」などと言って、大阪社会部の事件記者には東京社会部を揶揄する者がいた。

後日、大阪社会部に異動して分かったことだが、大阪産経は「与党」だった。東京では部数は読売、朝日には遠く及ばず、毎日、日経よりもはるかに少なかった。「野党」の悲哀で、刑事たちの住所録もスカスカの状態だったから、無理に無理を重ねていた。

一方の大阪は違う。国税記者クラブで大事な決まり事を当局と決める時、彼らは読売や朝日と同時に産経の僕に話を持ち掛けてくるのが常だった。当時、大阪市内でのシェアは産経が一番だった。東京と異なり、横綱相撲で無理はしなかった。その代わり、東京よりも遥かに当局からの扱いは良かった。これが「部数」というものか、と痛感した。

大阪国税局を担当していたあるとき、廊下を歩いていたら広報室の国税職員に「〇部の部次長が呼んでまっせ。産経さんが特オチ（一社だけ大きなネタを落とすこと）しかかってるって。三枝さん、サボったらあきまへんがな」と言われたことがあった。慌ててその部に走ったら、部次長に「あんた以外、皆、当ててきたで。知らんの、あんただけや」と言われた。特オチは防がれた。広報室の室長補佐にお礼を言ったら「産経さんを特オチさすわけにはいきません」と言われた。東京では頻繁に「特オチ」していたのだが。

朝日では警察回りは出世できない説

興味深いのは、朝日も毎日も警視庁回りに「色のついた」記者は見受けられなかった点である。思想、信条の偏向を感じさせる記事はほとんどお目にかからなかった。しかも朝日は特にそうだが、警視庁担当は、元毎日新聞や元地方紙といった他紙からの転職組が多く、生え抜きの朝日育ちというのは少なかった。

朝日の記者から聞いたところでは、警視庁のような警察回りを担当する記者は、社内で軽く見られる傾向があるそうだ。彼らからは、警察を回るよりも東京地検特捜部か裁判所を回る方が格上という意識を感じることがあった。それに霞が関の役所は、地方にいたときと違って朝日新聞は食い込んでいた。

当時、警視庁公安部に最も食い込んでいたのは、意外なようだがテレビ局のTBSだった。公安部が摘発する事件は、年に1〜2回で、しかも社会面トップ級の大事件が多いので、TBSが特ダネを報じた際の他社の記者たちは気の毒なほど意気消沈していた。

警察というのは、その新聞、テレビの色というよりは、属人的な色彩の強い役所だったと思う。担当記者個人の力量が、その会社が警視庁幹部に気に入られているということよりも大きな因子として働いていた。それに思想、信条を言い募って「平和が」「人権が」などと言っていられる時間的な余裕は、どう考えてもなかった。

10　警察幹部の目の前で取材メモを踏みつけた

宇都宮に転勤

警視庁を3年担当した後、遊軍という持ち場のない記者を半年やった。その後、当時の社会部長から下された内示は「宇都宮支局勤務を命ずる」だった。

当時はバブル入社組の僕たちが30歳代に入り、人余りが目立っていたこともあり、B制度（社内ではビッグ・ブラザーと呼んでいた）名目で支局長、次長の下に30歳代の兵隊頭を充てる人事が目立っていた。こういうものが始まると、僕は必ずと言っていいほど、白羽の矢が立つので覚悟していたが、案の定だった。

しかし、納得がいかない。社会部長に恨み言を言った。北関東の人には申し訳ないが、こう言った。「上の人たちが生意気な僕を嫌っていることは分かります。しかし、宇都宮はないでしょう、宇都宮は。横浜や千葉ならともかく。事件なんか起きませんよ」

部長は即座に「宇都宮にも事件はある！」と叫んだ。それはあるだろうが……。

しかし、人生は分からないものだ。宇都宮では県警担当を2年やったが、大事件の連続で、少人数で回している支局にしては忙しかった。30年ほどの記者人生で死刑判決に接したことは、5回ほどしかないが、うち3回は宇都宮支局勤務中だった。仲の良い刑事さんや市議さんら取材先や支局長、デスク以下、上司にも恵まれた。記者生活で一番充実した期間だともいえた。

市議会議長逮捕

着任早々、Nという宇都宮市議会議長があっせん収賄容疑で逮捕された。前日に挨拶を済ませていた捜査2課次長は「まあ、三枝さんは警視庁担当をされていたそうだから、挨拶代わりにということです」とどうだ、という顔をして見せた。

県警に着任してすぐに異変に気づいた。どうも県警幹部の応対が僕を警戒していると いうか、笑みは浮かべているのだが、目が笑っていないのだ。

数日後に後輩記者が「今度、警視庁担当をやっていた凄い人が来るって言っておきましたから」と能天気に言うので、それか、と合点がいった。別に警視庁で特段、実績をあげたわけでもなし、なぜまたそういう余計なことをしてくれたのか、と嘆息したが、起きたことは仕方がない。が、嫌な予感がした。

あっせん収賄事件については、逮捕されたN市議の周辺の関係者から話を聞いて、何とか県版トップで原稿を出稿した。

夜、支局に戻ると、2年生記者が「捜査2課長の家を夜回りしてきます」と言う。もちろん何もしないで支局に居座られるのが一番困るが、よりによって捜査2課長の家に行くのか。ほかに行くところはないのか。もっと現場に近い警部補とか、巡査部長とか……。地元・下野《しもつけ》新聞の一人勝ちが続いているのもむべなるかな、と思った。

県警記者クラブは、地元紙以外は若い1〜3年生記者が主体で、民放テレビ局は地元採用のベテランが多かった。だが当時、静岡県のように本社を当地に置く民間放送局はなく、日本テレビ、TBS、フジテレビ、テレビ朝日の衛星支局だから、ニュースの内容は東京と同じで、県民はあまり地元のニュースに接していないのだな、と思った。とちぎテレビが1999年に開局したが、取材態勢が整っていたとは言い難く、ニュース映像は当初静止画像だった。

だから警察官も静岡県警ほどは地元意識というか、プライドが高いわけではなく、むしろ東京を過度に意識している気がした。東京風を吹かせると、一番効くともいえる。警戒感と笑顔、敵愾心《てきがい》が入り混じった県警幹部たちの表情の理由が分かる気がした。

現場の刑事を味方につけたい

県警記者クラブは下野新聞の一人勝ちといえた。それは仕方がない。全国紙の記者の主体は1～3年生なのだから。読売新聞だけは産経と同じように30歳前後の記者をBBとして配置していた。サブキャップが20歳代後半の5年生記者だった。各社の記者も初めから下野新聞に勝てるわけがない、と諦観気味で、NHKの記者に至っては名刺を交換した際に「東京にいたのか何か知りませんけれど、特ダネを狙ったりしないで下さいね。平穏に皆、過ごしているんですから」と言った。それが「お前は30を過ぎて地方都市に飛ばされたんだから、おとなしくしてろよ」と言っているように聞こえた。

もちろん、本社を出されて地方に赴任するというのは、どんなサラリーマンでも面白くはないかもしれない。ただ、記者としては地方ほど面白い場所はないと断言できる。

東京社会部では厚生労働省担当なら厚生労働省、警視庁捜査1課担当なら来る日も来る日も殺人事件の取材に奔走《ほんそう》する。

だが、地方であれば県警回りならば、県警の全ての領域を堂々と担当できる。もちろん必要があれば、県警以外の行政にだって手を広げることもできる。紙面は毎日2ページ空いている。そこをどう埋めるかは、担当記者の裁量に委ねられている。

とりあえず、警視庁を担当した自分が捜査2課長を回るなどということは沽券に関わる。必ず1カ月以内に現場の刑事を味方につけよう、と決意した。初日はIさんという警部補の自宅を探し出して夜回りをした。Iさんは帰宅して僕が家の近くに立っているのを見て「何、何。俺の所にきても何もないよ。勘弁してくれよ」と言った。だが、警視庁の刑事と違ってスレていない、と感じた。断る姿勢にしても人情味があるというべきか……。これならいける、と思った。

翌日、記者クラブに出勤した。すると2年生の記者が「きょう、N容疑者が送検されますから、栃木県版に30行で記事を書いておきました」と言うではないか。

「えっ？　宇都宮市の市議会議長が逮捕されて、たったの30行？」と訊き返すと、「他社も同じですよ」と返ってきた。何が悪いのか、という風だ。

あとで分かったが、宇都宮支局には現場の刑事の家を夜に訪ねるということをしたことがある記者がいなかった。例えば殺人事件が起きると、夜回り先は捜査1課長、次長、所轄警察署の署長、次長と相場が決まっていた。

「いや、そんな上の人たちは地元新聞が押さえているのが普通だよ。もっと現場の刑事と仲良くならないと」と言うと、「私はずっとこのスタイルで教えられましたから。前の県警キャップの○○さんにもそう教わりました」と聞く耳を持たない。結局、彼はもう型ができてしまっていたのだろう。仕事をサボるとか、そういうことは一切なかったが、最後まで専ら幹部方に取材に行っていた。情報もこれといったものは取れなかった。

仕方がないので、昼間はN市議の同僚市議を訪ね歩いて、県警が狙っているボス市議がほかにいることなどを聞いて、それを軸に80行ほどの原稿を書いて、その末尾に「N容疑者は宇都宮地検に身柄を送られた」と付け加えた。東京社会部では当たり前のスタイルだったが、自分の原稿をボツにされた件の記者は口を尖らせていた。

夜はまた捜査2課の刑事の家に向かった。今度は電話帳で同じ姓名を見つけたFという巡査部長の家だった。F刑事も驚いた顔をしていたが、やはり物腰は丁重だった。

「夜回りするな」

着任3日目、昼ごろに捜査2課次長が訪ねてきた。捜査2課は上層階にあり、記者クラブは1階にあるので、わざわざ何の用だろうか、ひょっとして特ダネでもくれるのだろうか、と満面の笑みで迎えた。

「どうしたんですか」

次長の目は笑っていなかった。

「三枝さん、あなた、昨日F巡査部長の家に行きましたね」

「はい」

「おとといはI警部補の家に行った……」

「行きましたが……」

答えるや否や、僕の目の前に人差し指を突き出して、「出入り禁止！」と言った。

「ちょっと……」

「最初に言いましたよね。取材の窓口は私に一本化すると」

「そんなこと、一方的に言われただけで飲んだ覚えはないですよ」

「とにかく、これが栃木県警のやり方ですから」

ああ、これが最初に感じた警戒感と若干の敵意と卑屈な笑みの正体か、と思った。もちろん夜に人の家を訪ねることが非常識なのはわかっている。営業でいえば、飛び込み営業のようなもので、記者に最初から応じる気がない刑事にとっては迷惑千万なはずだ。警視庁でも10人中、二人応じてくれれば吉、だが10人から20人に一人くらいは終生の付き合いになる刑事さんに当たった。だから罵声を浴びたり、通報されたりすると、今どきの言葉で言うと「凹む」のは事実だが、次の日の夜にもなればケロッと気を取り直して夜回りに出かけていた。ここで出入り禁止を飲むのは、得策ではない。嵩にかかって取材を規制されるだろう、と思った。

「言いたいことはそれだけですか?」

「は?」

「○○さん、あなた警察手帳持ってます?」

「いえ、上に置いてきましたが」

「じゃあ、これを警察手帳だとしましょう」と言って、僕は懐《ふところ》から会社に支給された取材用のメモ帳を取り出して、床に放り投げた。

「あなたが今言ったことはね……」

それを思い切り踏みつけた。

「こういうことなんですよ！」

相手は目をパチクリさせて僕を見ていた。想定外の対応だったようだ。

「警察官が警察手帳を他人に踏みつけられたら悔しいでしょう。屈辱だと感じて、激怒すると思う。あなたが今言ったことはそういうことですよ。僕らは取材先を回ってナンボの世界ですよ。僕はただ刑事さんの家に行っただけだ。書くな、と言われた記事を飛ばしたわけでもない。こんなことで出入り禁止を言い渡されるなら、宣戦布告とみなします。僕にも意地がある。県警に入りたての若い巡査のチャリドロ（自転車泥棒）ひとつ、キャッチしたら必ず書きますから。一切交渉には応じません」

その後も「いつから栃木県警は東京地検特捜部の真似をするようになったんだ」などと毒づいていたら、いつの間にか警察官たちの人垣ができていた。

「栃木県警のやり方には従ってもらわないと」

一人の色黒の男性が、多くの警察官の中から僕の方に進み出て、しきりに訴えかけるので、捜査2課次長とのやり取りが中断される。

「うるさいな。今、2課の次長と話をしているんですよ。あなたは誰？」

「私は捜査1課次長の○○です」と色黒の男性は答え、大真面目に僕に向かって敬礼をした。顔をよく見たら着任初日に挨拶をしたのを思い出した。

「今、2課と話しているんです。1課は関係ないっ！」

「いえ、すぐれて栃木県警の問題ですから」

着任早々、県警の幹部のお歴々の僕に対する印象は最悪になってしまったようだった。出入り禁止は撤回されたが、僕の腹の虫は収まらなかった。だが、もう捜査2課の現場の刑事さんの夜回りは諦めないといけないな、と思った。

現場の人との交流

このときの一件が影響したわけでは決してないのだが、記者人生で一番、警察の不祥事を書いたのは栃木県警で、だった。そして、その出所は全て県警内部だった。つまり夜回りの結果、仲良くなった刑事さんや警察職員だった。

ある巡査部長さんの家ではこんなやりとりがあった。

「真岡《もおか》でさ、強姦の容疑で逮捕状が出ている男がいてさ。出頭してきたんだ、署まで」

「へえ。初耳ですね」

「そうしたら、どうしたと思う？　真岡署の当直の連中、『今日は日曜日で刑事がいないから明日来てくれ』って言ったんだぜ」

「ええっ。そんなバカな。その強姦犯、どうしたんですか」

その強姦犯はそのまま逃走してしまい、逮捕に1週間ほどを要したという。身内の警察官のあまりに酷い体たらくに義憤を感じたある刑事が夜回りにやってきた僕にボソッと話したといういきさつだった。

栃木県黒羽《くろばね》町（現・大田原市）の19歳の日産自動車工場の従業員だった須藤正和さんが2カ月あまりにわたり連れ回された末、殺害された事件も県警の不手際だった。県警は10回以上、須藤さんの両親から捜索の要請を受けていたにもかかわらず、まともにとりあわず、結果的に須藤さんは栃木県内で殺害されてしまった。

このときも県警と両親の双方から話を聞いた末、企画記事にすることにした（この経緯はのちに『十九歳の無念　須藤正和さんリンチ殺人事件』という著書にまとめた）。

朝日のN君とは違って警察が憎かったわけではない。むしろ身命を賭して仕事に邁進する警察官を僕は心底尊敬していた。

宇都宮中央署刑事課の大久保盛男巡査部長が、タクシー会社に立て籠もった暴力団組員に、突入時に散弾銃で撃たれ、殺害されたという事件が起きた（殉職後、警部に昇進）。このときは支局長に掛け合い、支局長名と東京本社編集局長名で弔電を出した。東京本社は快諾してくれた。大久保さんの業績を称える記事も書いた。無辜の、名もない警察官たちに市民の安全は守られているのだ、という意識を強くしたものである。

だが、須藤さん事件のときの県警の対応は正反対だった。一刻の猶予もない切迫した事態であるのは明らかなのに、どこの警察署も県警本部もほとんど何もしなかった。その不作為が許せなかった。「県警幹部に嫌われる」「取材がしにくくなる」とは露ほども考えなかった。そもそも県警幹部の大部分からは嫌われていたし、逆に現場の警察官からはそれなりに支持を得ていた自負はあったので、心配はしていなかった。出入り禁止を言い渡されたら、逆に「県警、本紙記者を出入り禁止処分」という記事にしてやろう、くらいに思っていた。県警も「あんな奴に言っても仕方がない」と諦めていたのか、以後、栃木県を去る2001年まで一度も出入り禁止は食らわなかった。

警察に罠に嵌められたか

参院選の開票当日、遅くまで支局に残って票読みの手伝いをしたり、編集を手伝ったりしていたときのことである。いつもゲラ刷りが午後9時半ごろには出るのに、選挙シフトということで降版を延長したため、支局を出たのは、日付が変わった頃になった。

道を挟んだ向かい側に車が停まっている。さして気にもせずに車を出したのだが、右折すると、その車も道に出てきた。目を凝らすとパトカーのようだ。二人乗っているのがバックミラー越しにも分かった。

「キープレフト、キープレフト」と声に出して呟きながら、40キロの制限速度をきっちり守って運転した。だが、パトカーはほどなくすると、赤色灯を回し、「前の車、停まりなさい」とスピーカーで呼びかけてくるではないか。車を停めると、40歳代後半くらいの男の警部補が降りてきた。続いて助手席から若い女性警察官も。

「酒飲んでるだろ、フラフラしてたぞ」と言って、アルコール検知用のストロー付きのビニール袋を目の前に突きつけた。

「フーッ」と言われた通り、息を吹き込んだが、その警部補は、「あれっ?」と言った。これが合図になった。

「あれって何よ。あなた、うちの支局の反対側でパトカー停めて待機してましたよね。狙ったのは僕でしょ。何が目的? 誰に頼まれた? Tさんか? T交通部長だろ」

これにはちょっとしたいきさつがあった。県内の国道4号線で酒気帯び運転のトラックが軽乗用車に突っ込んだ事故が起きた。乗っていた19歳の女の子は即死だった。

担当の氏家署は運転手を逮捕せず、遺族に向かって「今日は暑いからビールを飲みたかったんでしょうよ」と信じられない言葉を吐いた。しかも病院の看護師には自慢げに「今日の事故は凄かったんだから」と酷い遺体の状態を得意げに具体的に喋った。そのそばに女の子の両親がいたことにも気づかずに。

両親は怒髪天を衝く勢いで警察の対応に激怒した。しかも自らも脚の骨を折って入院中だったトラックの運転手は、警察にも無断で勝手に退院し、東京都内の病院に転院し、それを氏家署は把握していなかった。

産経新聞の県版で警察の対応を非難するトーンで3回の企画記事を書いた。すると当時のT交通部長が遺族の家に謝りに来ると聞いた。

「車庫で張り込みしても良いですか？」

遺族の快諾を得た僕は車庫の車の陰に隠れて交通部長の来訪を待った。しばらくすると、黒塗りのセダンが滑り込んできた。交通部長の専用車だった。

降りてきたところで「部長！」と声をかけて、シャッターを押した。

「おい、何するんだ。やめろ」

交通部長は激高し、顔を歪めて手を前に突き出した。そのときの様子がカメラに収められた。結局、この滑稽な写真は掲載しなかったが、T部長が相当、僕を逆恨みしていたのは人づてに聞いていた。だからTさんに頼まれたのか、と訊いたのだ。

僕は仲の良い朝日新聞の後輩記者を呼び出して、わざと警察官の前で「酷い話だ。社会的に抹殺されそうになったんだ。選挙の開票日だから打ち上げで酒でも飲んだ、と思って狙ったんだろう。おあいにく様、僕は酒を飲まないんだ。下戸だから。朝日で書いてくれよ。言論弾圧だって」と話しかけたりした。

警部補は「誤解だ。信じてくれ」と繰り返した。女性警察官は「違うって言ってるのに！」と泣き出してしまった。

最終的に午前3時ごろまで後輩記者は付き合ってくれたが、とりあえず、お開きになって、翌日からは別の取材に専念し、記者クラブにようやく帰ったころには昼近くになっていた。クラブに入るや否や、着任したての広報室長が隣室からすっ飛んできた。

「誤解だからね。そんな言論弾圧なんてしていないから。T部長は関係ないから」

デンスケ賭博の語源とされる、県警が誇る昭和の名刑事、増田伝助の息子だと言われている人だった。豪放磊落なデンスケの倅にしては、能吏で几帳面なタイプに見えた。僕がパトカーの乗務員に吐いた言葉が、ほぼ正しく広報室に伝わっているのに苦笑した。

「関係ないか知らんけど、まあ、そういうことなんだな、とこちらは思ってますから」と言うと、「また～」と言って弱り切った顔で部屋に戻って行った。

だからといって「本紙記者、県警に酒気帯び運転をでっち上げられる」といった記事を書いたわけでもない。こういうことは警察を回っていれば、ままあることで、嵌めようとしたのかもしれないし、こちらの被害妄想かもしれない。突き詰めても詮《せん》がないのだ。

どこかの国のように記者がさらわれたり、ひどいときは暗殺されたりはしないのだから、やはり日本に生まれたことは幸運だと言うしかない。こういうことは、静岡県警でも警視庁でも多かれ少なかれあったが、命の危険を警察から感じたことはもちろんない。日本では今より遥かに統制的だった戦前ですら新聞記者が警察に殺害されたことはない。立てこもり犯を身内の警察官が犠牲になってでも生け捕りにする国だから、日本の警察はつくづく穏健だ。

余談だが、僕はこの出来事があってほどなくして東京社会部に異動したが、それからしばらくして、「信じて！」と号泣させてしまった女性警察官はよりによって広報室に異動になったそうだ。

11 取材協力者のおばさんはひたすら怪しかった

フィリピンの怪事件

2001年6月1日、フィリピンの首都マニラ市内の湾で日本人の遺体が見つかった。栃木県足利市に住むWという男性（40）だった。腹を刃物で刺されていた。男性は3月末まで栃木市の郵便局に勤めていたが、「一身上の都合」で退職していた。産経新聞は福島香織記者が外電（香港発）で男性がミンダナオ島ダバオに住む親せきをたびたび訪れていた、と報じている。

事件の発生現場はフィリピンだが、関係者が栃木県に住んでいるとあっては、取材しないわけにもいかない。県版用に、と軽い気持ちで足利に向かった。

足利通信部のHさんという女性記者は、勢い込んで「弟が怪しい」と言う。是非、その弟に会ってみよう、という話になった。

男性の実家は大きな屋敷だった。ただ、壁にはツタがからまっており、近所の人の話では、兄弟の姿を見ることもあまりないという。屋敷ではなく、入口にある別棟の小屋に住んでいるという。プレハブのような小屋が敷地の端にぽつんとあった。ネズミが小屋に入っていくのが見えた。小屋のそばには、真新しいスポーツカーが停めてあった。

「嫌だなあ」と呟きながら、粗末なドアを叩いた。呼び鈴などという気の利いたものはない。

「うあ〜」と声がして、作業服姿の男性が出てきた。

「何だよ」と言う。顔は埃にまみれていた。

取材の意図を告げると、「おめえらに話すことはねえよ」と戸をバタンと閉めてしまった。

「怪しいでしょ」とH記者はドアの方を睨みつけながら言った。

「確かに……」

〝協力者〟の怪しさ

さらに、H記者は「取材で知り合った、被害者男性をよく知っている女性がいる。親切な人だから会ってみないか」と言った。そこでその家に行くことにした。

快活で肥満体の女性が出てきた。

「ああ、Wさんのことでしょ。あの人はフィリピンパブが好きでねえ。好きな女の子がいたのよ」

女性はW氏がメアリーとか何とかいうフィリピン人のホステスに入れあげ、親に遺してもらった財産をあらかた使ってしまったと言った。

「私がフィリピンに行くのを手伝ってあげたのよ。私、フィリピンにいたことがあるから詳しいのよ」

家の奥の方でチラリと女性の息子と娘らしき二人の姿が見えた。あれっ？ と思った。途中から女性の話が耳に入らなくなってしまった。

「では、そろそろ。ありがとうございます」

その家を辞去すると、H記者が、

「これだけ話を聞ければ、今日はいろいろなことが書けるわよ」と胸を張った。

「いや、ちょっと待ってください。あの人、本当に『協力者』なんですか」

「どういう意味よ」

H記者はせっかく自分が探してきた人物を僕がくさしたと思ったのか、不満そうに口を尖らせた。

「あのきょうだい見ました？」

「見たわよ」

「松葉杖ついていましたよね」

「それがどうしたのよ」

「二人が二人ともですよ。おかしくないですか。あそこ、ひょっとして保険金で食っていたりしていないですかね」

「まさか」

女性を疑った理由はもうひとつあった。

当時のフィリピンは治安が非常に悪かった。それは取材で一度現地を訪れて、身を以て経験していた。そんなところに「おめえらに話すことはねえよ」とバタンと戸を閉めたあのおじさん（といっても当時33歳だった僕と同年代だったが）が兄を騙して連れ出すのは無理なのではないか、と思ったのだ。

その後の取材で、W氏の一家は素封家《そほうか》だったが、不幸を絵に描いたような家だということがわかった。祖父が十数年前に亡くなってからは、父が定年退職後に自殺。さらに母も後を追うように自殺した。その後、荒れ放題になっていたのが、あの家だった。そして残された兄弟のうち、長男は異国で変死体となって海に浮かんでしまったのだ。

法務局に登記簿謄本を取りに行ってみると、土地の所有者が代わっていた。被害者のW氏が相続したのだが、弟に代わり、なぜかそこから現所有者はNという名前になっていた。Nとは、「取材協力者」のおばさんその人だった。W氏は日本を出る直前の5月末、1億円の海外旅行傷害保険に入っていた。その受取人もNだった。しかも保険の内容は災害、事故、事件に遭った場合は特約で2億円が支払われる契約になっていた。

松葉杖のきょうだいの姿が頭に浮かんだ。

不審すぎる保険

W氏の保険の内容を知ることができたのは多分に幸運な条件が重なったからだ。

大手生命保険や火災保険会社に電話をしても「個人情報ですから」と取り付く島もない。何とかならないだろうか、と思っていたところに、宇都宮市議会議長の相次ぐ贈収賭事件の取材で懇意になっていた宇都宮市議を思い出した。早速、電話をすると「ああ。俺の知り合いで保険代理店をやっている女性がいるよ」と言うではないか。

そのうえ、会わせてくれるというのだ。

宇都宮市内のデニーズで会った女性は「面白そうな話ね。本当はやってはいけないんだけど、特別に調べてあげる」と請け負ってくれた。

その日のうちに電話があり「1億円も保険に入っていたわよ。おまけに特約までつけて」と教えてくれた次第だった。

W氏は過去、何度かフィリピンに渡航していた。そのたびに海外旅行傷害保険に入っていた。7500万円から1億円の高額なものだった。受取人はW氏の弟かNになっていた。ほかにも死亡時に3400万円、6000万円の生命保険にも入っていた。保険の総額は3億円以上にものぼった。

生命保険の受取人は全てW氏の弟だった。ところが、W氏は「万一のことがあったら、弟が受取人の保険で借金を清算してほしい」という念書を差し入れていた。借金の相手は、当のおばさんNだった。

ライバルの「お返し」

その記事をいつ書こうか、と思っていた矢先、思わぬ電話がかかってきた。

「三枝さんですか？　○○です」

電話の主はライバル新聞社の記者だった。

「今、県警の捜査員がNの自宅を家宅捜索しているんですよ」

「ええっ」

思わぬ展開に絶句した。正直に言うと、この家宅捜索の情報は取れていなかった。

「しかし、何で俺に教えてくれたの？」

「いや、先日、ネタを教えてもらったお礼ですよ。たまたま来たら警察がいたんですよ。それにうちのデスクは『犯人かどうかわからないのに載せられない』っていうから」

慌てて足利通信部のH記者に電話して、急行してもらった。家宅捜索の事実と、保険金の内容を書いた特ダネになった。まさに棚からぼた餅だった。

この一報を受けて、各社の記者がN宅に殺到した。各社は県警の動きを摑んでいなかった。夕方、あるスポーツ紙の旧知の記者が電話をくれた。

「今、足利にいるんです。玄さん（僕のこと）の記事を見て、面白そうだと思って。N

HKの記者が玄さんの悪口を言っていましたよ。『あいつ、飛ばされたから東京に帰りたくて必死なんですよ』って。笑っちゃったのが、そうやって悪口を言いながら『ところで産経の記事は事実なんですか』って訊くんですよ。お前にはプライドってもんがないのか、って思いましたよ」

その記者の風貌が人気お笑いコンビの「さまぁ～ず」の大竹一樹さんに似ている、と聞いてピンと来た。Fだ。僕の着任初日に「皆で仲良くやっているんですから、特ダネなんか狙わないで下さいよ」と言ったNHKの記者だ。

NHKには何度か痛い目に遭わされていた。警視庁担当時代にも尾行されて、情報源を潰されたり、こちらの様子を窺おうと、夜中にバッティングセンターに誘い出したり、とやることが狡猾なのだ。無論、そんな姑息なことをせずに特ダネを取ってくる優秀な記者も多いのだが。

翌日、N宅に行ってみた。呼び鈴を鳴らそうとしたら、ちょうど本人が出てきた。

「あら、ちょっと産経。あんた、何て記事を書いてくれたのよ。人権侵害じゃない」

口調は荒いのだが、手がブルブルと震えていた。そこに電話がかかってきた。Nが受話器を取った。

「Oさん？　今、産経の記者が来ているのよ。冗談じゃないって言ってやったわ。うん、うん、そうなのよ……」

明らかに狼狽していた。後で判明したのだが、このOこそ現地の主犯で、僕が東京社会部に異動した後に逮捕されている。家宅捜索を受けた上、新聞に記事が出たと聞いて、慌てて電話して善後策を話し合おうとしたようだ。そこにたまたま僕が居合わせてしまったらしい。

Nは僕が東京社会部に異動した後の2003年11月、Oとともに殺人容疑などで逮捕された。Oはフィリピンのカラオケパブ店長の男にW氏の殺害を依頼した、と自供した。Nから報酬を140万円もらい、そのうちの20万円をフィリピン人の実行犯に渡した、と認定されている。NもOも無期懲役判決が確定し、服役中だ。

うまくいく取材というものはあるもので、これほどトントン拍子に進んだ取材は珍しかった。それにしても警察との癒着を心配するよりも、記者同士の横並び意識が一部の若手記者の間に蔓延している方が記者クラブの閉鎖的で病的な体質を表しているとは言えまいか。このNHKの若手記者はその後、東京の社会部デスクに昇進した。

12
歴史教科書を巡るマッチポンプに呆れる

教科書問題勃発

岡圓一郎、渡辺茂大両支局長、佐渡勝美、藤井克郎両次長という人格が円満で、かつ統率力があり、なにしろユニークな上司のおかげで、宇都宮支局にいた2年間は人生で一番充実していたともいえるほど、楽しいひとときだった。

2001年6月に予定されていた人事異動は、7月29日に参院選の投開票があったために延びた。が、そんなことはむしろどうでもよく、却って宇都宮に1日でも長くいられることが幸甚だった。

そんななか、7月12日付けの朝日、毎日新聞の夕刊1面にある独自ダネが掲載された。

「つくる会教科書　栃木の公立中、採択方針　歴史　2市8町の30校で」（朝日）
「『つくる会』中学歴史教科書　公立初の採択へ――栃木の地区協」（毎日）

すでに過去の話になりつつあるので当時の状況を説明しておこう。「つくる会」とは「新しい歴史教科書をつくる会」の略称である。彼らの目的は、日教組に代表される左翼的な歴史観に染まった日本史の教科書とは異なる「新しい歴史教科書」を作り、教育現場でも使ってもらうということだった。東京裁判史観に代表される「自虐史観」からの脱却を訴えていたことになる。

こうした運動には当然、反発があった。「右傾化した歴史を子供に教えてはならない」ということである。

もともと「つくる会」の代表である藤岡信勝氏や西尾幹二氏らは産経新聞の常連執筆者でもあり、また主張も産経新聞とは非常に親和性の高いものであった。また「つくる会」の教科書は産経新聞の関連会社である扶桑社から刊行されることになっていた。

これが朝日、毎日にとっては対立する側の運動であるのは言うまでもない。彼らにとっては、このような教科書が中学校に採択されるなど許しがたいことだった。当然、この独自ダネも「こんなことは許せない」という認識が前提にある。
特に熱心な朝日に至っては、次のような記事を社会面で「受け」記事として掲載した。

「新しい歴史教科書をつくる会」の扶桑社版歴史教科書が、栃木県下都賀《しもつが》地区の公立中学校で使われる方向となった。（略）この教科書には「侵略の事実を隠し、日本の歴史を美化している」との批判が強く、「国際協調の精神を養う」という指導要領が定める目標に反するとの指摘もある。

「つくる会」は、全国での採択率10％を目指して運動を展開した。西尾幹二会長らが昨年5月、教科書採択制度を批判する書籍を出版し、教育委員会関係者に無料配布。同会地方支部は、学校の希望で教科書を選んだり教師が採択候補を絞り込んだりすることを廃止し、教育委員会に採択権限を集中させることを求める請願を各地の地方議会に提出した。この結果、教師の意向が採択過程に反映しにくくなる制度変更が全国で相次いだ。（略）自民党は5月、「公正性が損なわれないよう監視する」ことを都道府県連に通達。扶桑社版に批判的な動きをけん制する結果になった。

要するに、問題ある教科書が採択されそうになっており、その背景には自民党のバックアップもある、と言いたいわけである。

朝日新聞は二人のコメントも掲載している。一人は山住正己《やまずみまさみ》元都立大学学長、もう一人は日教組の樋口浩副委員長だった。山住氏は「扶桑社版教科書に対しては学者らが多くの問題点を指摘している」などと批判、樋口氏は「無謀な選択と言わざるをえない。（略）中国、韓国などの人々と共生できる子どもを育成するという観点から、再考を促したい」と述べ、朝日はともに批判的なコメントを掲載している。

この朝日の記事は恐らく予定稿と思われる。というのは、この日はまさに参院選が公示された日で、この日にこの長文を載せようという意図はなかったはずだ。恐らく毎日新聞に気づかれたために、やむを得ずこの日に報じたのではないか。

マッチポンプ

朝日、毎日の力の入りように比べると、産経新聞の宇都宮支局内は「ふ～ん」という空気で、これがそれほど大事になるとはそのときは誰も思わなかった。

当時の支局長は、社会部が長く、それも警視庁などの事件で鳴らした人で、こういう思想モノを目を剝いて追いかけるタイプではなかったし、デスクも文化部畑の人で、同じく思想信条は中道な人だった。

そもそも、産経新聞には僕から見ても、タカ派的な言動をする人は少数だった。それもそのはずで、僕と同世代か僕より世代が上で、新聞記者を志すような学生は、一度は左翼思想にかぶれた者がほとんどで、僕の同期などは「尊敬するのは本多勝一先生（朝日の元編集委員。南京事件を大虐殺だとする企画記事を多く書いた）」と言って憚らない者もいたし、僕も本多氏の『南京への道』は読んでいた。同期で思想信条まで立ち入って話をした者は、聞けばほとんど例外なく本多氏の本を読んでいた。

当時、県警担当の僕は、参院選関連の選挙違反の取材を進めていた。内偵対象のうち、どれが逮捕、起訴となるのか、神経を尖らせる日々が続いていた。だから「つくる会」の教科書問題など、完全に興味の埒外だった。

ところが、騒動は大きくなっていく。というより、専ら朝日や毎日などの左派紙が大騒ぎして炎上させたとしか思えないものだった。翌日には早くも朝日と毎日が1面で「韓国政府　日本文化開放を中断」などとする韓国政府の反応を特派員電で記事にした。文部省（当時）が「侵略を進出に書き換えさせた」とする、1982年6月に起きた教科書問題で、韓国紙が即座に報じ、韓国政府が抗議した推移などとよく似ている。

宇都宮支局の県庁担当は「これは荷が重いですよ」「本社の社会部でやってくれるんじゃないですか」と言っていた。僕もそうなるだろうと高をくっていた。

「扶桑社版教科書は何が何でも採択させない」とばかりに朝日や毎日はその後も連日報道を続けた。新聞に、まるで採択することが不公正であるかのように報じられては、栃木県の下都賀採択地区の協議会に動揺が広がるのは当然ともいえた。

7月13日には大久保寿夫・小山市長が「慎重に対応されたし」と述べ、25日に異例の再審議が決まった。藤岡町教育委員会は16日、5人の委員全員の一致で協議会の決定を否決した。朝日の記事によると、「外交問題に発展していること」を委員が否決理由に挙げていることに鑑みれば、彼ら朝日などからしてみれば、してやったり、というところだろう。韓国政府の反応など、朝日や毎日のいつものマッチポンプに過ぎないからだ。

17日には小山市、大平町の教育委員会も否決した。朝日は追い打ちとばかりに「待ったその教科書『子のため最良選択』」と題した宇都宮支局と社会部のものによる記事が出され、地元は「揺れている」と報じた。

扶桑社版教科書の全国初の公立学校での採用は風前の灯となった。朝日はさらに21日にも教科書問題によって日韓の草の根交流が危機に晒されている、と報じた。

この朝日の報じっぷりがいかに異様だったかは、読売新聞がようやく7月18日夕刊で「つくる会教科書不採用1市5町に」と初めて報じたことからも分かる。つまり朝日や毎日などの左派紙以外にとっては、大した問題ではなかったのだ。教科書の採択問題は、ある種の政治闘争と化していた。そして、下都賀地区で扶桑社版教科書が採用されることはなくなった。

匿名の抗議者たち

一連の「採択」から「不採択」への流れを作ったのが朝日・毎日ならばそれを現場で推進したのは、ある種の運動団体である。

ある町役場の職員は「これを見てください」と山のようなファクスの束を見せてくれた。見事に判で押したように団体名が印刷されていた。文面が同じフォントと文章でできており、末尾に署名が入れば完成、というような体裁になっている。

「賛成派とみられる人は個人名が多かった。大体700通。反対派は定型文が多く、約410通です」と職員は明かした。

日教組は「特定教科書の不採択運動は行わない」と公式な会見では述べていたが、傘下の北海道教職員組合はレタックスで同じ文面の手紙を大量に送ってきた。公安当局が中核派系とみている「反戦運動」を展開する団体から来たものもあった。

8月24、25、26日の3日間にわたり、産経新聞では「あのとき」の裏側を企画記事にした。そのうち最初の2回は僕の手によるものだが、左派の組織的な反対運動の恐ろしさを目の当たりにしたのは初めてだった。それまでも僕個人が袴田事件を巡って大量のファクスを送られたりした経験はあったが、たくさんの団体が束になって役所に抗議のファクスや手紙を送ってよこしたら、通常業務に多大な支障があるのは想像に難くない。

役所の人は匿名が条件だったが、皆、僕の取材には答えてくれた。

「反対派は特に組織的だった。県外の人ばかりという感じだった」（藤岡町）「800通の抗議と550通の支持の声がきた。業務に支障が出た」（野木町）「ファクスが鳴りっぱなしで冷静に対応できなかった。同じような文書で目を通すだけでも大変」（小山市）

脅迫電話もあった。栃木市の教育委員長（宮司を務めていた）の家には深夜の1時、2時といった時間に「あんたのところのお婆さんは90歳だってね。石段から落ちなければ良いね」「神社が火に包まれちゃうよ」という脅迫電話がかかってきたという。

テロ攻撃も発生

下都賀地区が採択を諦めたことで、嘘のように抗議は止まった。ところが、8月7日になって今度は東京都の都立養護学校の教科書として扶桑社版歴史教科書が採択されると、またしても朝日は総攻撃に出た。

「弱い者、狙い撃ち」と題して、大江健三郎氏のコメントを軸に社会面トップで大展開した。大江氏は情感たっぷりに作家らしく以下のように述べている。

「養護学校に（筆者注・扶桑社版教科書を）使わせるのは、抵抗の弱い相手への狙い撃ちです。権力を持った者と、その意を体する者らの、勘定合わせにすぎません。どこに障害者への教育的配慮がありますか？」（8月8日付紙面）

ところが、この記事が掲載されたまさにその日、皮肉なことに次のような記事が出た。大江氏の写真の左下に3段見出しで。

「『つくる会』入居のビルで不審火　警視庁、ゲリラ事件で捜査」

毎日新聞も「信念に基づいた」と述べた都教育長の会見の左下に「『つくる会』入居のビル　放火される」と3段見出しの記事が出ている。

読売の記事はもう少し過激で「本郷のビルで爆発?」という1面記事となっている。不審火だの放火だのというレベルでないことは明らかだった。

10日には過激派のひとつである革労協反主流派が犯行声明を出した。声明では「都立養護学校への『歴史』『公民』教科書の差別主義的強行採決に対する、革命的報復」と書かれていた(読売新聞8月10日夕刊)。

警視庁は革労協反主流派の拠点を家宅捜索するなど、捜査を進めたが、犯人は未検挙のままだ。結局、このテロは逆効果になったのだろう。東京都やこれに続く愛媛県では扶桑社版が使われた。

毎年8月6日になると、広島市の平和記念公園では追悼集会が行われるが、朝から近隣では騒然となる。中核派系の団体がシュプレヒコールをあげるなどするからだ。広島市では2021年に「厳粛条例」との別名がある静謐な環境を守る条例を施行したのだが、まるで守られていない。

未来の子供たちのため、平和を守るため、戦争を起こさないためと左派や朝日、毎日新聞などは言うが、そのための手段が脅迫や暴力を伴っては本末転倒ではないか。

13「沈黙の艦隊」の担当で幻聴に悩まされる

エースに嫌われて

2001年7月、東京に戻り国税庁担当を言いつけられた。

国税庁というところは別名を「沈黙の艦隊」という。喋らない。とにかく喋らない。地検特捜部を担当した経験がある友人が国税の担当になったとき、「特捜部の比ではない」と半ば呆れていた。

「我々は国家公務員法の守秘義務を負っているほか、各税法で守秘義務を課せられている。いわば二重、三重、四重の守秘義務が課されているのです」と東京国税局の課税部長（キャリア）は言い放ったものだ。

当時は査察部が飛ぶ鳥を落とす勢いで、大手労組から芸能プロダクション、政治団体、学園理事長、大手出版の社長……。多種多様な対象を摘発し続けていた。

当時はBさんというノンキャリアの名物国税局査察部次長がいた。東京国税局査察部は財務省キャリアの査察部長の下に、財務省キャリアの査察部次長、ノンキャリア、叩き上げの査察部次長という2頭立ての補佐態勢になっている。Bさんはノンキャリアのエースというか、査察に精通した第一人者だった。ただ、僕は嫌われていた。

記者クラブの内線電話から各部長、部次長の部屋の秘書に電話を入れ、アポイントを取るのだが、NHKや朝日、読売の記者だと「今から伺います」と颯爽と記者クラブを出て行くのに、僕がBさんの秘書に電話をすると「今は会議中でして」とか「取り込んでいまして」ばかりだった。Bさんの任期と重なったのは後半の半年間くらいだったが、その間、会えたのはとうとう1度だけ。しかも「おい、忙しいから手短に話せ」と言われ、ほとんど何も喋れない始末だった。

国税には面白いルールがあり、幹部と話をしていると、秘書役の職員が白い紙片を手に入ってくる。大体は「〇時から会議」などと書かれているはずなのだが、僕はこれも「白紙」というか、芝居なのではないかと疑っている。

おそらくは嫌いな記者が入ってきたら「なるべく早く入ってこい。紙片を見せろ」と命じていたはずだ。なぜそう思うかというと、ウマが合って、足しげく通うような仲の良い幹部だと、紙片が入ってこないからだ。

夜回りは不発

幹部と昼間に話していても仕事にならないから、やはり一線の職員宅に夜回りをした。初めて伺ったのは、武蔵野方面の官舎だったと記憶している。老朽化が進んでいる官舎で、水たまりにボウフラが湧いていて、蚊に刺されてかなわない。お目当ての職員が帰ってきたのは夜の0時をとうに過ぎたころだった。

「こんばんは。産経新聞の三枝と申します。今日、伺ったのはですね……」

相手は終始無言だった。

翌日、気を取り直して千葉県の佐倉市の住宅地に行った。夜の9時半から街灯の陰に立った。これも1時になろうかというときに、遠くから恰幅の良い中年の男性がゆっくりと歩いてくるのが見えた。顔を知らないのに国税職員だと確信した。なぜか、マルサにはマルサの、刑事には刑事の、ブンヤにはブンヤのにおいがある。声をかけて、外れたことはまずない。不思議だ。習慣が人を作るのだろうか。

ずっと立っていて、脚がパンパンになっていた。終電近くに帰ってきたお目当てのマルサの横に並ぶ。前日と同じように挨拶した。

「産経新聞の三枝と申します。夜分にすみません」

無言。深夜の住宅街にコツ、コツ、コツと革靴の足音だけが響いた。

「キィ」——小さな鉄扉が開いて、門柱の明かりがフッと消えた。

「お〜い、帰ったぞ」

それだけだった。こんな感触は初めてだった。警視庁でも地方の県警でも夜回りはもちろんやった。ほとんどは断られるが、会話はできた。警視庁には怒り出す人も少なくなかった。また、東京税関の職員には襟首をつかんで引き回され、「気持ち悪いんだよ！　人の家の近くに夜中に立つな！」と怒られたこともある。

気持ちは分かる。僕も嫌だ。得体のしれない男が夜、ずっと立っているのだ。しかも、その家の前は公園だったので、ブランコをずっと漕いでゆらゆらと揺れていた。恐らく職員の家族はゆらゆら揺れる人影を窓越しに見て、不気味だったと思う。申し訳ない。

110番通報されて警察官が駆け付けたことも1度や2度ではない。何かの記者向けのマニュアル本のようなものに「昔、付き合っていた彼女が忘れられなくて」と言え、と書いてあったので、東京都郊外の日野の住宅地でやってみたら、危うく警察署まで連行されそうになった。ストーカーという言葉はまだ一般的ではなかったが、夜中に別れた彼女に……という言い訳は迂闊《うかつ》に過ぎた。

それからは警察官に対しては、正直に記者だと名乗り、「ある横領事件を調べていて、容疑者になりそうな人物にインタビューしたいので、立って帰りを待ってます」と言って記者証を見せると、大抵納得してくれた。多くは「大変ですね。頑張ってください」と笑顔まで残して。

たまに襟首をつかまれることや「ダメダメ」と断られたり、バケツの水をかけられそうになったことはあったが、終始無言、それも連日というのは初めてだった。これは応《こた》えた。

おまけにその週、読売新聞と朝日新聞に1面トップで、NHKにも大きな所得隠しのニュースを抜かれた。

ファクス音ノイローゼ

新聞業界には「最終版交換」というものがある。午前3時になると、大阪に拠点を構える新聞社は各社の1面を交換するのだ。ラグビーのノーサイドのようなものだろうか。各紙を大阪社会部の当直の部員らが目を通し、東京に関する「抜かれ」があると、東京社会部の当直部員に電話をかけ、ファクスを送ってくる。

それを見た社会部デスクは担当記者の家にファクス（大きな事件の抜かれのときは電話も）を送り、「これ、夕刊で追いかけてくれ！」と命じるわけだ（当時、産経は東京も大阪も夕刊を発行していた）。

大した時間を稼げるわけでもないが、他紙のゲラ刷りを手に早朝、押っ取り刀で何度、家を駆けだしたことか。

この午前3時のファクスが着任早々、1週間に3回あった。我が家のファクスは受信時に「ピー」と音が鳴ってから、カタカタと1面のコピーの縮刷版が送られてくるのだが、この「ピー」が電車に乗っていても、記者クラブにいても、突然耳鳴りのように聞こえてくる。それからしばらくは、冗談ではなく毎晩、午前3時に目が覚めた。「ピー」という音が鳴ったような気がするのだ。寝室を出て、リビングにあるファクスを確認し、安堵してやっと床につくという日々が続いた。

社会部員でこんな無残な醜態を晒しているのは僕だけだった。警視庁も東京地検特捜部担当も抜かれることはあるが、1週間に3度も1面や社会面のトップ記事で抜かれる記者というのは、なかなかいないと思う。

たまに社会部に用事があって立ち寄ると、憐憫《れんびん》の目を社会部員が向けてくる。日頃の生意気な態度のツケを払っているんだな、と自分を納得させた。抜かれるのは慣れているので構わないが、夜中の沈黙を守ったマルサの係官と読売や朝日の1面トップ記事の落差が大きすぎて、「こいつら、どうやってネタを取っているんだろう」と不思議な気持ちになった。

産経は人がいない

こんなしんどい役所を担当しているのに、産経新聞の国税回りは、ほかにも公正取引委員会、証券取引等監視委員会（SESC）、会計検査院を担当する。一人で、だ。

この担当は、NHKと朝日、読売が三傑だった。特に読売新聞はえげつなかった。担当になった当時、僕が一人で担当する部署を読売新聞は4人で受け持っていた。しかも全員が全員、腕利きだった。

敏腕記者が居並ぶ読売新聞に一人で何とか立ち向かえ、というのだから、日頃、生意気な僕への会社からの制裁だ、と僕は思っていた。事実、国税担当をしていた先輩や同期も続々とノイローゼのようになっていたのを見ていた。全く太刀打ちできないのだ。例外はKさんという記者と大島君だけだった。産経はKさんと大島君を除けば、一方的にコーナーに追いつめられてサンドバッグのように殴られるしか、なす術がなかった。

僕はいつも同僚に「(仮面ライダーの悪の組織)ショッカーの戦闘員が、ウルトラマンを倒した怪獣ゼットン4頭に一人で立ち向かうようなもんだ」とこぼしていた。だから午前3時の「ピー」の回数もおのずと増えた。言うなれば、読売新聞の国税モノで1面で抜かれると、翌々日夕刊には1面トップで「公正取引委員会が人工骨カルテルで立ち入り検査」を抜いてくる。その翌日にはSESCが……という始末だった。

おまけにNHKにも傑出した特ダネ女性記者がいた。「三井造船が所得隠し」という記事をスクープされたときは卒倒した。午後7時のNHKニュースで「所得隠しを指摘された現金の一部は愛知県の代議士秘書に流れていたものとみられ……」とアナウンサーが続け、「はい、確かに私は受け取りました」と秘書(とおぼしき黒い影)が認める、という、あまりにも美しい完璧なスクープだった。尾籠《びろう》な譬《たと》えで恐縮だが、こういうのを「ケツの毛まで毟《むし》られる」というんだろうな、と思った。

産経にはないシステム

ある新聞社の同期に聞いたことがある。そこではシステマティックにネタ元を後輩に引き継ぐルールなのだそうだ。

たとえ嫌いな奴が後任でも引き継ぐという。

「随分と御社は聖人君子がそろっているんだな」と嫌みを言ったら、

「違うよ。そいつが下手を打って、大特オチ（各社、紙面に載っているのに、1社だけ情報を取り損ねること）なんかしようものなら、3代遡って責任を取らされるんだぜ。お前の引き継ぎが悪いからだ、と下手するとこちらまで左遷されちまう。どんな嫌な奴が来たって、引き継ぐよ。一番仲が良かったり、自分が新たに開拓した刑事は別だがな」

さすがだと思った。半面、産経で「これがうちのネタ元だ」と先輩から引き継いで、教えてもらったことはほとんど記憶にない。役所じゅう走り回って、やっと檀家さん（情報源）を5～6人捕まえたところで、「残念でした、異動です」というのが常だった。僕は恨まれるのが嫌なので、まあまあ仲がいい捜査員くらいは後任にも教えていたが……。

国税局は抜かれるときも抜くときも1面や社会面トップだった。しんどい部署だったが、慣れてくると、手抜きも覚えられるもので、逆に昼間は発生モノがあるわけではないから、サボろうと思えばいくらでもサボることができた。

公示にヒントあり

あまりに他社に国税ネタで抜かれるうちに、ひとつの特技を身につけることができた。税務署回りといって、都内の税務署の掲示板を見て回る日課がある。これを見ているうちに、税務調査に入られて修正申告をした企業が一目で分かるようになったのだ。

当時は帝国データバンクという大手調査会社が発行していた「高額納税申告法人」が掲載された冊子が国税庁クラブに月刊で配られていた。これをじっと見ていると、税務調査や査察を受けた会社が分かってくるのだ。

例えば、ある企業の申告がそれまでほとんどなかったのに、ある年に突然、数億円にまで納税額が跳ね上がっている場合がある。これはその直前に税務調査を受けて、お灸を据えられた可能性が高い。また7年分の修正申告をしている会社はほぼ100%、所得隠しを指摘された企業だ。なぜなら通常の申告漏れの時効は5年だが、悪質な仮装、隠蔽を伴う所得隠しは7年遡って追徴課税することができるからだ。

7年分の修正申告を出しているということは、所得隠しの指摘があったからにほかならない。こんな調子で少しずつ様子がつかめるようになってきた。

僕の前任の大島君は、引き継ぎの際、置き土産にこんな言葉を残していた。

「税務署の公示を見て回るとな、ここは税務調査を受けているな、って分かってくるんだよ」

「どうやって判断するんだ？　それは」

「それは説明するのは難しいな」

大島君はヒントはくれたが、皆までは教えてくれなかった。半年も担当していると、それがどういう意味か分かってきた。

東京国税局は読売、朝日、NHKが3強で自分が入り込む余地はないように見えた。一応、産経新聞の国税担当は関東信越国税局（関信局）も担当することになっていた。そこまでまめに通う酔狂な者はいなかったが、僕はそうも言っていられなかった。読売の記者も朝日の記者も滅多に関信局には来ていなかった。東京の都心部から電車で1時間近くかかる。僕は必ず月曜日にはさいたま市を目指すようになった。

東京国税局に比べると、関信局は職員も幹部も素朴な感じの人が多かった。それにライバルも足を運ばないので、部長や部次長との歓談の時間に紙片を入れられて、妨げられるようなこともなかった。

総会屋と記者の類似性

そのうち、例の帝国データバンクの冊子を見ていて、新潟県の医療法人の修正申告が明らかにおかしいことに気づいた。

「これはマルサに入られたな」

そう確信したら、あとは電話で訊くだけだ。

「先日、関東信越国税局のマルサが入った件なんですがね」

ここは、マルサが入ったんですか？　と訊いてはいけない。こっちは全部知っているという雰囲気を醸し出すのがミソなのだ。

「その件のお答えはちょっと……」

事務員はそう答えた。やはり、マルサが入ったのは間違いない。修正申告の額を計算すれば、大体の額は分かる。あとは現地に行って取材をし、最後に国税局側に「書きますから」と通告すれば終わりだ。

これは実は気が引けた。ある日、僕が電話をしているとき、たまたま会社を休んで家にいた妻が声をかけてきた。

「何だか企業を脅している総会屋みたいだね」

そう。まるで総会屋なのだ。

「大体、分かっているんですけどね」（本当は大して分かっていない）とカマをかけるのが、最初は気がひけたが、背に腹は代えられないと思っている自分がいる。この手で何度もうまくいったからだ。これを繰り返しているうちに、不思議なことに向こうから情報が入ってくるようになる。それを繰り返しているうちに8年ほど経ってしまったのだから、どれだけ他人様に迷惑をかけたことだろうかと思う。

総会屋で鳴らした小川薫氏にそんなカマをかけてネタを取る話をこぼしたことがあった。小川さんは「俺たちの仕事とそんなに違わねえやな」とカッカと笑った。その通りだと思った。

「荒川に浮くよ」

ある日、埼玉県のある町の人材派遣会社が関信局の強制調査（査察）を受けた。現地に行ってみると、日本家屋の「いかにも」な邸宅が構えられている。

長野五輪で使ったスタジアムなど、建設工事に作業員を派遣する仕事をしているのだと地元の町議は言う。上野や新宿、大宮辺りのホームレスをスカウトしてくるのだとか。荒れた人間もいるだろうし、それを統率するのだからヤクザ者かもしれない。第一、労働者派遣法違反ではないか。

「この町には二つの大きな人夫出しの会社があってね。AとBなのよ。今回、査察を受けたのはA社。こんな会社の取材なんかしていると、荒川に浮くよ」

と取材に協力してくれた町議は言った。社長の家に行くと、赤銅色に日焼けした作業員の男たちが近くで煙草を吹かして、こちらを見ている。道はどんどん細くなり、鳶や土木作業の会社の看板が目立つようになった。

「大丈夫ですかね」

運転手がミラー越しにこちらの顔を見た。東京からハイヤーで向かっていたのだ。

「カネがかかるじゃないか」と社会部長に怒られるかもしれない、と思ったが、何かあったら運転手さんに110番通報をしてもらおうと手筈を整えていたからだった。一応は独自ダネだから多少の出費は編集幹部には勘弁してもらおうと踏ん切りをつけた。ただ、黒塗りの車はまずかった。品川ナンバーの黒塗りでは目立って仕方がない。そのうち、車は荒川の流れに出てしまった。大きな石がゴロゴロと転がっている川原にはA社のバンが無造作に4～5台置かれていた。

「ここから歩いて戻りますから、どこかで見ていて下さい。何かあったら、僕は声が大きいので叫びますから」

運転手は苦笑していた。いざ社長に会うと、いきなり怒鳴り散らすようなこともなく、普通の社長さんだった。ただ、奥にいた土佐犬が唸るのは怖かった。なぜか、この手の取材になると、かなり高い確率で土佐犬、犬用の大きなケージ、日本家屋、きれいに手入れされた松という4点セットがついてくる。のちに大阪でもそっくりな経験をした。

特に川に浮かぶこともなく、無事に取材を終え、記事を書いた。

翌日、読売新聞の古参の記者が近づいてきて「東京で抜けねえから、関信（関東信越国税局）に行くとは考えたな」と嫌みを言った。

「ええ、自分は地方が好きで」と答えておいた。

お役所よりも「お役所的」な朝日新聞

朝日は「移転価格税制」や「ストックオプション」「タックスヘイブンを利用した申告漏れ」など、その当時、流行した手法による税逃れを書くことが多かった。1面トップで抜かれた。朝日の情報源は恐らくはほとんどが国税庁にいる財務省キャリアだったのではないかと思う。

というのは、こんなことがあったのだ。ある日、財務省キャリアと話をしていたときのことだ。僕は財務省キャリアよりも、「中2階」やノンキャリア職員の方と気が合った。「中2階」とは、東大、京大以外の旧帝大や早慶上智、MARCH出身者が多い国税庁キャリアと呼ばれる人たちだ。

省キャリアと呼ばれる多数派はほぼ東大出身者が占めている。その他に、有名大出身者が多い庁キャリアがごく少数おり、現場は高卒が半数くらいの職人気質のノンキャリアが支えている。話をした財務省キャリアは、数少ない例外で、省キャリアで唯一といっていい仲が良い人だった。

あるとき「僕はロシアンパブや風俗店、産廃業者の申告漏れや所得隠しは何度も書きましたが、移転価格税制などというかにも頭が良さそうな記事を書いてみたかったですよ」と愚痴をこぼしたところ、「いやいや、君では移転価格税制の意味、分からないでしょ。危なくて教えられないよ」と言われたのだ。端的に言えば「お前はバカだから」と言われたに等しい。

そんな霞が関に強い朝日新聞という会社は、地方ではさっぱり存在感がない。特に、警察を担当していたときは、ほとんど特ダネらしい特ダネを取られた記憶がない。たまにそういう記者がいると、大抵が中途入社だった。

朝日は、全盛期には「何もしなくても東大の法学部を出ていれば将来が約束される」とまことしやかに言われていたものだ。僕は朝日の人間から聞いたことがある。

「普通の新聞社は、警視庁キャップや司法クラブのキャップをやるのが社会部長になる最短ルートだが、朝日は違う。文部科学省や裁判所担当をやるのが一番なんだよ。なぜだか、分かる？ 傷つかないからだよ」

ことほど左様に発想が「役所」的なのだ。だから朝日新聞の記者は、キャリア官僚とは馬が合うのだと思う。

警視庁回りのとき、目黒警察署に挨拶に行った。その署長がまだ大学を出て数年の若手キャリアだった。

哀しいほど、話が盛り上がらなかった。

「産経新聞の三枝です」と名刺を差し出したら、

「ああ、産経といえば政治部にいる○○君は東大法学部時代の同級生だよ」というので、

「○○さんは産経でもエースですよ」と答えたら「でも彼は5年通ったんだよね。よっぽど東大が好きだったんだろうね」。

何だ、こいつ、と一気に興醒めしてしまった。本人は高学歴ならではのエスプリを利かせたつもりかもしれないが、僕はあいにくそれを面白いと思う機知がなかった。

朝日も最近は「普通の会社」に近づいてきたようで、司法クラブキャップ経験者が社会部長になることも増えた。それでも警視庁キャップ経験者は相変わらず編集委員に棚上げされてしまうケースが目立つようだ。

「高卒ノンキャリアの警察官と話をしていてもねえ。あまり面白くないんでね」

これはある朝日新聞の記者から直接聞いた言葉だ。もちろん朝日記者の全てがこんな調子ではない。

ある地震があったとき、取材に赴くと、避難所になっていた体育館で朝日の女性記者

がプンプン怒っている。何事か、と耳を澄ましていると「編集委員から指示が来て『島崎藤村や石川啄木、坂口安吾でも良い。体育館で本を読んでいる被災者を探せ』って言うのよ。家を失ったっていうのに、そんな悠長な人いるわけないじゃない。第一、そんな面倒臭いことをこっちに言ってくるなら、自分で探せばいいのよ」。

産経にいたときに、さすがにそんな指示を本社からされたことはなかった。第一、産経は、本社が支局に用事を言いつけても「忙しいから」と断られることが多かった。つまりそんなことを指示しても動いてくれるとは限らないし、まあ、ほとんど動かない。

朝日では本社からの指示は、自分がどんな仕事を抱えていたとしても、最優先でこなして、回答しなければならないのだという。彼らはこれを「行政」と言う。本社の記者は偉くて、支局員は下僕なのだという。ここでも中央集権的でお役所的なのだ。

先日もこんな話を聞いた。ネット上で高校野球を真夏の盛りに、しかも甲子園球場という屋外でやるのはおかしいのではないか、熱中症で万一死者が出たらどうするのだ、と批判があった。主催は朝日新聞だ。すると、朝日の本社は「出場校がいかなる熱中症対策をしているか、取材して送れ」と「行政」を出したそうなのだ。朝日新聞の幹部は「熱中症対策は万全です。万一、何かあっても朝日の責任ではありません」と言いたいらしい。教えてくれた記者は嘆息していた。
「責任逃ればかり考えているんですよ。上層部は」

産経に感じた「自由」

朝日より産経の方が遥かに自由闊達《かったつ》だったと思う。僕の肌感覚では自由度は、産経∨東京∨毎日∨朝日∨読売∨日経といった感じだろうか。だが、あまり世間の人は信じてくれない。

大阪社会部にいたとき、元警視庁の警察官でライターをしていた黒木昭雄さんが大阪に訪ねてきてくれたことがあった。飲み屋に誘ってくれたのだが、その場に弁護士がいた。黒木さんは「灘高、東大法卒の天才弁護士だぜ」と紹介した。その弁護士も謙遜すればいいものを、若いくせに不遜な奴で「産経新聞みたいな右翼な会社にいると、自由がなくて大変でしょう」と失礼な、知ったようなことを言う。

終始、こんな調子なので、途中から話を聞かずにあくびをしたら「あ、話が難しすぎましたか？　女の話でもしましょうか？」と来た。確かに目の前であくびをしたのは失礼だったが、少し頭に来たのでこう言った。

「左翼が自由で、右翼が抑圧的っていうのは、ちょっとステレオタイプに過ぎませんかね。小学校か中学校のとき、塾で習ったんですか？　そうするとカンボジアのポル・ポトや中国の毛沢東、ソ連のヨシフ・スターリンも自由主義者だったのかな」

「左翼が自由だとは言っていない」と言い返してきたが、同義ではないか。

「右翼の新聞だから抑圧的」――何度、「高学歴な」方々から言われたか。産経新聞は僕が入社した当時は柄が悪い人が多く、怒声が飛び交い、ひどいときは殴り合いが起きて、それを周囲がはやし立てるようなちゃらんぽらんな会社だった。カネもないが、間違いなく斯界でトップクラスに自由な会社だった。コンプライアンスがうるさく言われるご時世になり、殴り合いは姿を消し、怒声もかなり減ったが、反比例して、SNS上に会社の、それも発信者が記者と思しき誹謗中傷を含む書き込みが目立つようになった。自由な会社も変質したのかもしれない。

14

住民運動の主は後ろ暗かった

14　住民運動の主は後ろ暗かった

国交省担当に

２００３年、国税庁の担当がようやく終わった。次に担当したのは国土交通省だった。以前から一度は国交省担当をやってみたい、と希望していた。父が建設会社で働いていたというのもあるし、朝日新聞に山本博という伝説の建設省（当時）担当記者がいて、どんな世界なのか、一度見てみたいと思っていたからだ。

山本記者は建設省担当時代の知識や人脈を生かして、「談合キャンペーン」で談合の実態を報じて新聞協会賞を受賞。その後の朝日新聞のスクープ報道の指揮を執った。

名うての敏腕記者のように特ダネ連発とは到底いかないだろうが、憧れの記者と同じ部署を回っていることには幸福を感じていた。

あるとき、国交省道路局を回っていると、ある官僚がこんなことを言った。

「反対運動をやっている連中は汚いよ。『公共事業に協力する』というから本来はダメなのに市街化調整区域に住宅を建てられるようにしたんだ。それなのに、立ち退かないで未だに元の家に住んでいるんだから。圏央道の延伸計画に反対したことで、住宅が建てられる土地が二つに増えてしまったんだよ」

その地権者の男性（取材当時80歳）は、東京都郊外で農業を営んでいた。この地区は圏央道のインターチェンジ（ＩＣ）の建設予定地のすぐ近くだった。そのため、環境の悪化を理由に反対運動を展開していたのだ。男性は２００２年８月、もともとの自宅がある地区から約１キロ離れた別の地区に約５３０平方メートルの農地を取得していた。この土地は市街化調整区域にあるため、本来、建築物が建てられない。

そこで国交省が「公共事業に協力すれば、市街化調整区域でも住宅が建てられる」と持ち掛け、地元の農業委員会などに公共事業に協力した、とする証明書を発行した。こうした取引は、公共事業ではままあることだ。

これにより、都や農業委員会は「公共事業に際する代替地」と認め、農地からの宅地転用を許可。土地の造成はほぼ終わっていた。

ところが、男性は、もとからあった土地とあわせて二つの土地を相変わらず保有しているというのだ。公共事業に協力した見返りとして、代替地を得ているのだから、そちらに引っ越して、もとの住んでいた土地と建物は明け渡さなければいけないはずなのに、それもしていなかった。そして、土地を二つ持ったまま、反対運動も続けていたのだ。

その家に行くと、家の前に男性が立って、ちょうどタバコを吹かしていた。遠目にもその男性が目当ての人物だと分かった。

「産経新聞ですが」

「何の用だい？」

「○○さん、▽▽地区に土地をお持ちですよね。代替地になるはずの」と言った瞬間に男性のタバコを持つ手が震え出した。

「いけないのかい？」

「いえ、刑事罰に当たる訳ではないですけど、反対をするのであれば、代替地を取得するのを拒否すれば良かったんじゃないでしょうか。国をいわば騙したことになりませんかね」

男性は押し黙ってしまった。仕方がないので、家に行くと、男性の奥さんが「うちは夫と息子は移転に賛成しているけど、私と娘が反対なんだよ。この土地を離れるつもりはないから、代替地なんて言われたって知らないね」と言った。

東京地裁は「住民」を支持

さすがにこれは住民運動としても、不公正なのではないか、と思った。2003年10月18日に紙面化したが、他社の新聞、テレビは見事なほどの黙殺だった。それからしばらくして、圏央道延伸反対運動の住民の記者会見があったが、取材当時、手が震えていたお年寄りの男性も元気に参加していた。

しかも10月3日、東京地裁は男性の土地が収用されることについて、「先祖十数代にわたる土地で、男性の土地への愛着は計り知れず、別の土地に移転すれば転居による生活環境の変化によって生じる損害は計り知れない」として、土地収用手続きの停止を決めた。この決定を出した裁判長は東京地裁でも有名人で、国を敗訴させるので知られた判事だった。

しかし、奥さんは「夫は移転に賛成」と言っていなかったか？　と狐につままれたような気持ちになった。愛着があるのなら、なぜ代替地を入手したのだろうか。

この決定は案の定、わずか3カ月でひっくり返された。東京高裁は、収用決定は合法だと判示した。

その後、あの地区には行っていない。あのとき、震える手で取材に応じてくれたお年寄りの男性も20年も経ったから存命ならば100歳だ。インターチェンジは既に完成した。交通量は増加し、1日2万台ほどがここを利用するのだという。

自民党議員の疑惑

2004年、大阪社会部勤務となり、またしても国税担当となった。ここでも生涯忘れられないような貴重な体験をしたのだが、紙幅の都合で本書では省略する。

2年半の単身赴任を終えて、僕は再び東京に戻った。2007年になっていた。

産経新聞にいると、時折、「産経などという右翼な会社にいると、自民党の悪口も書けないでしょう」と茶化される。何度も書いたが、これは見当違いも甚だしい。実例を挙げておこう。

先輩で社会部の調査報道といえば、石塚健司さんという僕より6期ほど上の先輩記者の十八番だった。東京地検特捜部を長く担当し、産経を代表する事件記者として名を馳せていた。何冊か著書もある。

この先輩は背が高いので目立つ。滅多に会社には出てこないのだが、1カ月に1度ほど、ふらっと現れて「〇〇って代議士を懲らしめたいんですが」と言って、原稿を置いていく。それが翌日の1面トップで大きく報じられるということがよくあった。

現役記者の頃は、どこにいるのか分からないことが多く、デスクが「石塚くん見なかった？　もう2カ月も顔を見ていないんだよ〜」と訊いて回るので、吹き出してしまったことがある。このころは新聞社も景気が悪くはなく、人手も大勢いたので、居所がつかめなくても、定期的に特ダネ原稿を出せば何も言われないおおらかな時代だった。僕はいつも石塚先輩を遠くから仰ぎ見ていた。

この石塚先輩がデスクになった。おかげで会社で顔をよく見るようになった。折よく僕も2回目の国土交通省担当に着任して半年以上経っていたし、石塚先輩を見習って、何か政治家案件を取れないものだろうか、と思っていた。朝日新聞の山本博記者に憧れて国土交通省を希望していたことは先述した。山本記者にあやかりたかった。

そのチャンスは突然訪れた。ある日のこと、某局の幹部のところに顔を出した際、その幹部がデスクの抽斗《ひきだし》から1枚の紙片を出してきた。

「こういう圧力がしょっちゅうかかるんだよ。うちの役所は」と言う。

目を落とすと政治家の名前がいろいろ書いてあった。

鹿児島県のフェリー航路を巡って、二つの会社が争い、片方の会社が代議士を使って国土交通省に圧力めいた電話をかけたというものだった。

この取材には4カ月ほどを要した。その取材である財団法人を訪ねた際、帰り際に理事長が「○○よりよっぽど悪い議員がいるよ」と呟いた。

「誰ですか、それは」と訊くと、「魚住、魚住」という。当時、公明党に魚住裕一郎参院議員、自民党に魚住汎英《ひろひで》参院議員がいた。

「自民党の方だよ」

「殺すぞ」

そこから半年間にわたる取材が始まった。

概要を聞けば、2004年から2005年にかけて、鉄道建設・運輸施設整備支援機構に対し、自分の支援者である熊本県宇城市の内航海運会社の使用料延滞金約1億円の減免を要求したことが発端だった。

内航船舶に関しては、海運業者（船のオーナー）と鉄道建設・運輸施設整備支援機構が費用を分担して共同で建造する制度（船舶共有建造制度）があった。

通常は半々の負担で、船のオーナーは機構が負担した建造費を「使用料」として毎月弁済しなければならない。弁済期間中は船は機構とオーナーの共有名義だが、弁済が終わると、機構側の持ち分を簿価でオーナーが買い取り、晴れて「真の」オーナーになるという制度だ。

この海運業者は資金難に陥っていたらしい。使用料の支払いが滞るようになった。2004年12月、貸付金の徴収を担当する機構の業務課長が海運業者と電話で話をした際、「魚住先生を頼むとお金がかかるでしょう。政治家を使ってもダメですよ」と言ったらしい。それが魚住参院議員の耳に入ったという。

これに激怒した魚住議員が2005年1月、この課長を呼び出して怒鳴りつけ、廊下に立たせたというのがことの顚末だ。しかもその後、国土交通省海事局長や課長も呼びつけて「月夜の晩ばかりじゃないぞ」「殺すぞ」と言ったというのだ。

と、この内実が分かったのはかなり後のことで、財団法人の理事長は現役時代に魚住氏に怒鳴りつけられ、屈辱の思いをしたことはよく覚えていたが、その海運業者がどこの何という業者なのかは全く覚えていなかった。熊本の天草諸島のどこからしい、と言うのだが、調べてみると数十の業者がいるではないか。

「何とか思い出してくれませんかねえ」と訊いても「さあ、どうだったか。メモでも残しておけば良かったなあ」と言うばかりで埒が明かない。

2週間に1度ほどの頻度で、西に東に出張を繰り返し、当時の模様を語ってくれる人を探した。ほとんどの役人は「そんなことありましたかねえ」と惚《とぼ》けたが、中には赤裸々に話をしてくれる人もいた。

半年ほどかかってようやく熊本県宇城市のある海運業者だということを突き止めた。

自民党国会議員の不祥事でも1面トップ記事に

魚住議員に電話をかけると、ファクスが届いた。こう書かれていた。

「内容は具体的には記憶しておりません。ただ、困っている方々のために働くのが政治家の使命であり、時によっては役所に強く主張する場合もあります」

「このコメントがあれば大丈夫だろう」。石塚さんがデスクの時に原稿を出した。石塚さんは1面と社会面とで大々的に報じる、と言ってくれた。

その日は一応、諸々の事情を聴かれた際に答えられるように石塚さんのそばにいよう、と編集局に待機していた。

地方に行く12版のゲラ刷りが下りた。1面でその記事は2番手だった。

そばにいたMデスクが「この扱いはないよな」と声をかけてくれたが、「いえ、仕方ないですよ」と答えた。石塚デスクは「もう少し何とかなりませんか」と声を張り上げている。その日の編集長は後に参院議員に転身した政治部長のKさんだった。

「これは記者が一人で半年かけてやっと完成させたんですよ。お願いします」

声がこちらにまで伝わってくる。K編集長は「いや、魚住さんとは仲が良いんだよな」と言っている。

「そんなこと、関係ないでしょう。お願いします」

「石塚、次の版で考えるよ。ちょっと待ってくれ」とKさんは議論を引き取った。

13版が降版し、14版も締め切りを過ぎた。あとは都心部に配られる15版を残すのみとなった。石塚さんの声がまた聞こえてきた。

「大阪は1面トップですか。そうでしょ、やっぱり。分かりました。ありがとうございます」

大阪社会部に電話をかけて、扱いを確認したようだった。石塚さんが立ち上がった。

「大阪はトップ！　編集長、どうしますか？　この記事は東京の社会部員が書いた記事ですよ」

Kさんは「分かった！　分かったよ！　肚をくくる」と大声で怒鳴り返した。

胸に熱いものがこみあげた。こうしたやり取りは何度も産経では繰り返されてきた。何度もそういう場面に立ち会うことができたのは僥倖だった。

警視庁を担当していたときは、キャップが電話口で「デスクだか何だか知らないが、そんな口を利くなっ。俺たちは命懸けでやってるんだ！」とやり合っている場面も見たことがある。

他社のスクープは無視という悪習

このキャップも石塚さんも出世には縁がなかったが、部下からの人望があった。記者としての力量も後輩記者の多くが認め、尊敬していた。

編集長のKさんも付き合いもあっただろうに、節を曲げて扱いを差し替えてくれたのはありがたかった。もちろん、このことでKさんと石塚さんとの間に何のわだかまりも生じなかったし、石塚さんが何か人事上、不利な立場に追い込まれることもなかった。

産経新聞は論調こそ保守的、右派と言われるが、与党議員だろうが、野党議員だろうが扱いを変えることはなかった。そうでなかったら、肩たたきにあう遥か前に退社していたと思う。

僕の記事が出た後、魚住議員は記者を集め、「政治家がいかなるものなのか、産経の記者は全く分かっていない」と怒りをぶちまけた。その場にいた僕は黙って見ていた。だが、朝日や東京新聞などを除き、後追いをしてきたメディアはあまりなかった。

読売新聞は5日ほどしてから掲載した。フジテレビに至っては「僕がそんなことするわけないじゃない」と言っている魚住議員の会見風景だけをニュースにした。視聴者には何のニュースなのか、さっぱりわからなかったのではないだろうか。

僕もあの現場で禄《ろく》を食《は》んでいたから、他社のスクープをできれば見なかったことにしたい、という気持ちはよく分かる。ただ、僕は悔しい気持ちは当然あったが、他社に「抜かれた」ときは、なるべく追いかけ記事を書くようにしていた。それはその記者が一人で何カ月も細い糸を追いかけて行って、やっとの思いで記事にしたであろうことが想像できたからだ。

15

民主党の政治とカネにメディアは甘かった

また国税庁担当に

２００９年、国交省の担当からまたもや国税庁の担当になった。この頃はあまり身が入らなくなっていた。仕事は慣れたが、もう3度目。しかも東西合わせてすでに6年ほど担当していた。

ちょうどこのころ、政界では大きな変化が起きている。政権交代だ。２００９年、自公政権に代わり、民主党政権が誕生。その熱狂から落胆のプロセスは多くの方の記憶にまだ新しいところだろう。

一方で忘れられがちなのは、この頃もまた「政治とカネ」にまつわる問題が噴出していたということだ。しかもメディアの追及は、自民党に対するそれと比べると、遥かに手ぬるいものだった。また、政治の側が露骨に疑惑潰しに動いていたことも僕は忘れられない。

最も印象深いのは、民主党の鳩山由紀夫氏の脱税騒動だ。

2009年11月2日夕刊で読売新聞が1面トップで次の見出しで記事を書いた。

「鳩山首相7200万円申告漏れ　08年株売却益修正」

鳩山首相が2008年に、保有する株を売却して得た7000万円超の所得について税務申告しておらず、鳩山氏側が修正申告することになったことを伝えている。この所得については、国会議員資産公開法に基づく同年の所得等報告書にも記載していなかったが、2日に訂正を届け出たという。

これだけの申告漏れであっても、平野博文官房長官は「首相個人の問題だ。速やかに修正したということだ」としか答えなかった。

鳩山氏は2002年から2008年までの7年間の資産等報告書に計14銘柄の保有株などを報告していなかった。株式以外にも2005年9月時点で額面価格4269万5000円の有価証券を保有していたことを資産等報告書に記載していなかった。2007年の補充報告書でも約7164万円分の有価証券が記載漏れとなっていた。

まだあった。2003年11月の時点で金銭信託として元本総額約7800万円も持っていたが、これも記載漏れだった。

おまけに当時、鳩山氏には偽装献金問題が持ち上がっていた。2004年から2008年に政治活動のために約11億5000万円が鳩山氏の資金管理団体「友愛政経懇話会」に拠出されており、その出所は鳩山首相の実母と鳩山氏本人だったというものだった。

東京地検特捜部はこのうちの約3億5000万円が、5年間で寄付やパーティー券収入の偽装に使われていたと認定した。(2009年11月29日朝日新聞朝刊1面より)

政治資金の収入を裏に回すことならよく聞くが、この件の異例なところは、「鳩山代議士に将来、大きい仕事ができる政治家になってもらうため、実力(資金力)を見せたかったことと、秘書としての力を見てほしいという自己保身の両面」(公判での公設第1秘書の証言)という政治資金の「水増し」偽装という通常とは逆の「偽装」だったことだ。

それはともかくとして、実母から鳩山氏への提供資金は貸付金名目になっていたが、返済実績は全くなく、どう考えても贈与とみなされるべきものだった。

最終的には2002年から2009年までの8年間に母親から12億6000万円もの資金提供があり、計約6億円の贈与税を支払うことになった。つまり、約6億円の贈与税を不当に免れていたことになるはずだが、鳩山氏は本来の税を納付するだけで済んだ。こんな重大な税金逃れが刑事事件として立件されなかったのだ。

当時の鳩山氏は60％台の支持率を維持していた（その後、急落して最終的には10％台まで落ち込んで退陣）。国税・検察の人気宰相への忖度はなかったのだろうか。

彼が自民党所属の首相だったら、こんな処分で済んだだろうか。不思議でならない。後に、第2次安倍政権で「森友」「加計」疑惑が大騒ぎになっていたとき、「森友、加計疑惑よりもよほどはっきりした事件（疑惑ではなく）だったのに……」と思ったものだ。

自民党の最大派閥清和政策研究会（清和研、安倍派）などが政治資金パーティー収入の一部を記載しなかった事件で、東京地検特捜部は2023年12月19日、安倍派、志帥会（二階派）の事務所を政治資金規正法違反（政治資金収支報告書への不記載）容疑で家宅捜索した。

朝日新聞は連日、「○○議員の裏金は×千万円」などと大々的に報じ、多くのメディアも「令和のリクルート事件」と、さも重大事件に発展するかのように報じた。

最近、僕は「三枝玄太郎チャンネル」というＹｏｕＴｕｂｅチャンネルで情報発信をしているが、早期から「この捜査はおかしい」と繰り返した。インターネット番組「文化人放送局」の「Twitter 探偵団」に出演した際も「立件されるのは一人か二人ではないか」と話した。というのは、２０２２年に薗浦《そのうら》健太郎衆院議員が政治資金規正法違反（過少記載）に問われた際、その立件された額が４９００万円だったからだ。朝日が報じた安倍派の各議員の裏金は、大野泰正参院議員が約５２００万円、池田佳隆衆院議員が約４８００万円、谷川弥一衆院議員が４４００万円。

しかも薗浦氏は3年間で、安倍派の３人は5年間で、である。

そもそも政治資金規正法違反というのは、議員本人がよほど政治資金に容喙《ようかい》しない限り、立件するのは難しく、例えば21億円以上の虚偽記載があった陸山会事件では、小沢一郎民主党幹事長（当時）は、自己の資産形成が事件の発端であったが、立件されていない。東京高裁は「（小沢氏の供述は）およそ信用できない」としながらも「秘書との共謀が立証できていない」として無罪判決を出している。

また朝日新聞などは「裏金」「裏金」と、いかにも後ろ暗そうなイメージを強調しているが、使途が遊興費などに費消されたことが立証されたわけでもない。

2007年には民主党の参院副議長である角田義一《つのだぎいち》氏のヤミ献金が発覚した。政治資金収支報告書への不記載額も約2500万円あった。

しかも、その不記載額の中に、朝鮮総連系の商工会から150万円、パチンコ業者から10万円の献金があった。政治資金規正法では外国人からの政治献金は違法だ。これこそ違法行為が発覚しないように不記載にしたわけだから、まさに「裏金」だと思うのだが、メディアはどこも「裏金」とは報じていない。

東京地検特捜部も政治資金規正法違反容疑で角田氏を立件してはいない。

そもそも、パーティー券収入事件自体が「張り子の虎」で、「全国から検事を集めて集中捜査をしている」「前代未聞の大規模な捜査」とメディアが大騒ぎしていたころから、僕は白けていた。

背後に何か大きな贈収賄事件が隠れているのではないか、とも勘繰ったが、それもなかったようだ。解散総選挙が何度も取りざたされていた時期に、慌てて短時間で捜査をする必然性も感じられない。

僕には、検察が無理に無理を重ねて「安倍派」を狙い撃ちにしているように見えた。そもそも立件が難しいことを検察は分かっているから、朝日などのメディアに「裏金」

「裏金」と大々的に報じさせて、印象操作を図り、立件のハードルを下げようとしたのではないかとさえ思っている。

事実、自爆に近い形で証拠隠滅を図り、逮捕された池田佳隆衆院議員を除けば、最も多額だった大野参院議員は在宅起訴、谷川衆院議員は略式起訴だった。「こんなことは許せない。もっと逮捕しろ！」と騒いでも、そういう法体系になっているのだから仕方がない。もともとリクルート事件と比較されるような事件ではなかったのだ。

検察の目的は、安倍派の弱体化であり、それさえ達成できれば、あとはどうでもよかったのではないか。

もっとも派閥全体で、5年間で約6億7000万円もの不記載を許した安倍派幹部の責任は大きい。安倍晋三元首相が「やめた方が良い」と指示したにもかかわらず、亡くなった後に復活させるなど、言語道断だとしか言いようがない。ただ、この捜査はこれまでの特捜部が避けてきた「政治的な」捜査だったことは間違いないと思う。

会計検査院を担当

民主党政権への忖度を感じることは他にもあった。2010年、僕は相変わらず国税、公正取引委員会、証券取引等監視委員会、会計検査院を担当していた。このときは、会計検査院に顔を出すのが最も楽しみになっていた。

国税局を担当した時は、各社のスクープ合戦のあまりの熾烈ぶりに幻聴に悩まされたことは前述したが、その後、国税担当に慣れた後もずっと心残りだったのは、会計検査院だった。

会計検査院は11月上旬になると、院長が首相にその年の検査報告書を手渡す。これは各社一斉に公開で報じられるが、9月も下旬になると「会計検査院のシーズン」が始まる。産経新聞は従来、この会計検査院を舞台にしたスクープ合戦には参加してこなかった。何しろ4頭のゼットンを一人のショッカーが相手にしているのだから、参入する余裕は全くなかったのだ。

しかし、それはそれで秋ごろの会計検査院のスクープ合戦はストレスが溜まるものだった。何しろ、この時期は30本は優に超える会計検査院の優良事案のスクープ合戦が繰り広げられるのだ。NHK10本、読売10本、朝日10本、毎日7本、産経0本という感じの年が続いた。その間、別に社会部長やデスクからお小言をもらうわけではないのだが、何となく居心地が悪い。第一、悔しい。だが、手も足も出ないのだ。

会計検査院は3人の検査官会議で意思決定を行う。院長は大学教授だったり、会計検査院OBだったり、様々だ。

組織としては、検査官会議と事務総局からなり、事務総局は、事務総長官房と、第1局から第5局まで5人の局長がおり、事務総局には総括審議官がいる。

この局長と各局に二人ずついる審議官を回る（第5局だけは審議官が3人いる）。課長のところには顔を出しても相手にしてくれなかった（少なくとも産経新聞の僕は）。

だが、誰を回ってもさっぱりネタが出ない。それなのに夕方に吹く風が涼しくなってくると、猛烈なスクープ合戦が始まり、それを指を咥えて見ている日々が続くのだ。

ところが4年目を迎えたある夏の日、広報室長がこう囁いた。

「○○さんのところに行ってごらん」

その室長は僕と同じ早稲田出身のキャリア官僚。早稲田出身など民間企業ならゴロゴロいるはずだが、東大閥が幅を利かせる霞が関キャリアでは少数派だからだろう。「おう、早稲田が来たか」と言って、妙に可愛がってくれた。

室長の助言に従って、その○○さんのところに行くと、「え～っと、第1局はこれとこれ、第2局はこれとこれ、第3局は今のところ、こんな感じかな。第4局はこうで、第5局はこれ」という感じで、検査報告の目玉案件が全て分かってしまったではないか。つまりその人が第一関門の窓口になっているようなのだ。ここから少しずつ肉付けをしていくという感じだった。

あるとき、ある局の局長が「ちょっと待って、待って。君の言っているネタは読売新聞にやってもらうことになっているんだよ」と口を滑らせてしまった。

「今、何て言いました？」と僕の邪悪な目が光ったのは言うまでもない。その局からはかなりのネタが入った。会計検査院で最も本数を打ってくる朝日、読売、ＮＨＫに肉薄する程度にまで内情が分かるようになってきた。

日教組教師たちの「罪」

そんなある日、２０１０年の秋、会計検査院の第4局が重大な調査を始めた。北海道教職員組合（北教組）のヤミ専従を調べ出したのだ。

民間企業の場合、労働組合法2条などで、組合の専従員が企業側から給与を支給されることは、会社の支配介入とみなされ、禁止されている。組合の専従員は組合費で活動する。

一方、公務員の場合は勤務時間内に職員団体の活動をすることは、公務員に職務専念義務を課している地方公務員法35条に違反し、違法だ。

当時の会計検査院第4局長は、文部科学省関連事案の会計検査の第一人者だった。近畿地方の有名な寺院が重要文化財級の高価な仏像や絵巻きなどを秘密裡に売っている、という情報を聞きつけ、調査を完遂させたという伝説を持っている人だった。

2010年2月、北海道5区選出の小林千代美衆院議員の陣営で政治資金規正法違反事件が降って湧いた。

検察の起訴状によると、2009年8月の衆院選の際、北教組の委員長が2008年12月から2009年5月にかけて、3回にわたり計1200万円を、2009年7月に北教組委員長代理が400万円を、小林衆院議員の陣営の経理担当だった男性に渡したという。

小林衆院議員は北教組が「責任組合」として支援し、北教組委員長（起訴当時故人）や北教組委員長代理が選挙対策本部長を務めるなど、丸抱え候補ともいえた。陣営の経理担当だった男性は、自治労北海道の財政局長だった。

関係者は黙秘していたというが、検察はこの二人を在宅起訴し、札幌地裁で執行猶予付きの有罪判決が下った。北海道教職員組合にも両罰規定が適用され、有罪の罰金判決が下った。

当時は鳩山由紀夫首相の脱税などが指摘されており、北海道のこの件も大きなニュースになった。

これを受けて、会計検査院が北教組のヤミ専従の調査に入ることが分かった。

当時、公立小中学校の教職員に支給される給与の3分の1は、国が義務教育費国庫負担金として補助していた。会計検査院が「ヤミ専従」を調査したのはこれが初めてで、彼らの鼻息は荒く、腕利きの職員でチームを結成した。まずは北海道をターゲットにしたが、このほかにも岩手、大阪、兵庫などの20前後の道府県を対象にした。

ところが、しばらくすると変な噂が聞こえてきた。

「民主党が相当抵抗しているらしい」

「山梨も検査対象に加えようとしたが、検査院の上層部が山梨県は実力者の輿石東《こしいしあずま》氏（民主党代表代行、民主党参院議員会長、参院幹事長などを歴任、元山梨県教職員組合執行委員長）がいるからダメだ、と言ってきた」

おまけに会計検査院の局長が今年度限りで退任するという。会計検査院きってのエースといわれた人物だ。

「定年までまだ何年か残っているはずじゃないんですか？　しかもヤミ専従の検査も始まったばかりでは？」

ある人に訊くと、「上」の意向だという。おまけに会計検査院上級職の指定ポストといわれる都道府県の監査委員といった「天下り」もなかった。

この局長は黙って東北の実家に帰って行った。僕は、

「局長、何か圧力があったんじゃないですか」

と訊いたが、黙って笑みを浮かべるだけだった。

2010年度の決算検査報告（2011年秋に公表）にはこう書かれている。

検査対象は、北海道、石川県、鳥取県、沖縄県。

何と20の道府県を検査する予定が4道県に減ってしまっていた。約13億9000万円の教職員給与を検査した結果、次のことが分かったという。

北海道では教職員の職務専念義務違反が4年間で172校647人の約7003万8000円分の給与に見つかった。北海道教職員組合では、図書館などで文献調査をするなどの校外研修をしていたはずなのに、その日は図書館が休館日だったなど、明らかなヤ

ミ研修が59校119人、193回、1429時間分見つかった。

ほかにも校外研修をしていたはずの教諭の成果が出されていなかったりする杜撰なケースが見つかったが、北海道のほかではほとんど見つからなかった。

メディアは無視

面妖なのは、着手時には1面トップで報じた産経新聞を含め、この検査結果がほとんど報じられなかったことだ。尻すぼみで終わってしまった。これほどの重大事を一切報じないというのでは、メディアも教職員組合のヤミ専従に加担しているといわれても仕方がないではないか。

この検査結果が内閣総理大臣に手交された2011年の秋には僕は東北総局の次長を解任され、防衛省担当になっていた。総理大臣は鳩山氏から野田佳彦氏に代わっていた。民主党が政権を奪取し、自民党が下野をした2009年、僕も民主党ブームに熱狂し、1票を民主党に投じた。日本は変わると信じていた。

2010年、尖閣諸島沖で中国船が海上保安庁の巡視船に衝突し、海保が逮捕した中国漁船の船長を那覇地検が不可解な形で釈放した。石原慎太郎氏らは「那覇地検が釈放したのは、民主党政権の圧力のためだ」と民主党政権を非難した。衝突時の映像は仙谷由人《せんごくよしと》官房長官らの判断で伏せられた。衝突時の映像をＹｏｕＴｕｂｅに投稿し外部に漏らしたとして、海保の職員が職を追われた。その職員こそが今や保守派の論客の一人、一色正春氏である。

この案件にかかわらず、会計検査院のこの時期の検査は政権に酷く及び腰だったし、不可解な人事が横行した。国税局の鳩山由紀夫首相の生前贈与隠しともいうべき申告漏れの調査も中途半端な感を拭えなかった。爾来、僕は一度も民主党及びその後に続く立憲民主党には票を入れていない。

自民党の派閥パーティー券収入事件が騒がれているなか、政権批判をしたいメディアの中には、「立憲民主党の小沢一郎衆院議員に意見を聞いて「（パーティー券事件は）まさに権力の思い上がりだ」（２０２４年１月３日、日刊スポーツ）などと言わせているところもあった。小沢氏は陸山会事件のきっかけとなった「隠し資産」を週刊誌に暴かれたという過去の持ち主ではないか。

とんだ茶番だと言わざるを得ない。

16 左派と右派の対立は激化していった

WEBに異動

防衛省を担当していた時、共産党の自衛隊の訓練反対運動を批判して、「誤報」の責めを受けた話は書いた。その後、2012年秋、SANKEI EXPRESSに異動になった。正直に言えば、昼過ぎの出社だったし、身体は楽だった。

が、あの部署に留め置かれた約4年間は苦痛以外の何物でもなかった。デスクに宇都宮支局のときにお世話になった先輩がいたのがせめてもの救いで、それ以外は現場に出るわけでもなし、異動した理由が理由なので、憐憫と侮蔑の入り混じった視線を受けている気がしてしまって、生きる屍といっても良かったかもしれない。フロアも編集局の連中とは反対側にあり、滅多に古巣の社会部を目にすることもなくなった。

そんな２０１６年のある日、辞令が出た。今度はＷＥＢ編集チームという部署へ行け、という。今度は産経新聞編集局の管轄だから社会部に近づいたと言えなくもないが、相変わらずサラリーマンとしてはお先真っ暗だった。なぜなら、異動の辞令はＳＡＮＫＥＩ　ＥＸＰＲＥＳＳの休刊（実質廃刊）に伴って出されたものだったし、ＷＥＢ編集チームの担当部長が石橋文登《ふみと》さんだったからだ。

この人は大阪府警捜査２、４課担当で名を馳せ、大阪府警サブキャップを歴任した後、東京政治部に移り、以後はずっと安倍派、麻生派にパイプを持つ産経政治部のエース筆頭格だった。「黒シャツ」と渾名《あだな》され、いつ見ても黒いシャツを着ているので、遠目にもよく分かる。

なぜ嫌な予感がしたのかというと、石橋さんが、超のつく短気で知られた人だったからだ。僕は東北総局でメンタルを病む手前まで追いつめられた経験があったので、嫌な予感がした。僕のように社内に悪名が轟いていては、必ず目を付けられるだろう。

しかもＷＥＢ編集チームは、編集局から送られてきた原稿の手直しをして、配信するだけ。いわばベルトコンベアに乗った流れ作業をする部署だと聞いていたから、ますます気が滅入った。ＥＸＰＲＥＳＳの方が、雷が落ちないだけマシだったかもしれない。

仕事に貴賤があるわけではないことは重々分かっているが、たかが流れ作業で「とろいぞ、お前。何やっとるんや！」と怒鳴られたら、今度こそ会社を辞めることになるかもしれない、と絶望的な気分になった。

「とりあえず、石橋君のところには早く行っておけよ」と副編集長に言われ、石橋さんのところに挨拶に行った。遠目にもどこにいるかすぐに分かる。

「今度お世話になります、三枝です。宜しくお願いします」

言い終わらないうちに「ちょっと喫茶店行くで」と言って立ち上がるが早いか、さっさと歩きだしてしまった。慌てて後を追った。石橋さんは社が入るビルの2階にある地味な喫茶店に僕を招じた。

席に座るが早いか、「お前な。原稿を書いてもらうぞ。どんどん好きなものを書け。俺はお前の評判をよう知ってる。とにかく原稿を持ってこい」と言った。

あまりに意外な第一声に呆気に取られ「はあ」と言ってしまった。「誤報を書いた」と会社中から白い目で見られ、居場所もなくなった自分に「原稿を書け」というのだ。

翌日、EXPRESSがあった辺りで、自分の机の片づけをしていると「お前！　そんなところで何をしているんや！」と怒声がした。見ると、石橋さんが肩を怒らせてこちらに大股で歩いてくるではないか。

「お前のおるのはそこやないやろ。俺の目の届くところにおれ！　それから熊本で地震があったやろ。3日以内に『熊本城は再建できるか』って記事を書け。はよせい！　ボケっとするな！」

怒鳴られながら、喜びを感じていた。石橋さんは僕を試している、と。もう一度、原稿を自分の手で書くチャンスを与えてくれている。怒声をあげる石橋さんの目は優しかった。

右派と左派の衝突

WEB編集チームに配属されて、それまでの部署では経験できなかったような取材にも行くことができた。面白かったのは、左派グループと右派グループの衝突騒ぎだった。これはネット上での反響が大きかった。

端緒になったのは、2016年の東京都知事選だった。このときの候補をネット記事で紹介しているうちに、桜井誠氏と知り合った。彼は「在日特権を許さない市民の会（在特会）」の会長を務め、カルト的な人気を誇っていた。

東京都知事選での高田馬場における演説は、彼の真骨頂だったかもしれない。

2016年7月、JR高田馬場駅前で彼は概略次のような演説を行った。

「国費外国人留学生制度って知ってます? 日本に対してヘイトスピーチやりたい放題の国(韓国・中国のことを指す)からやってくる留学生に月17万円を支給している。東日本大震災のとき、被災した日本人の学生は大学に行けなかった。こんなバカげた制度をやっているのは日本だけだ。

チベットで虐殺をやった国の主席が早稲田大学に来て、平和を説く。そんな国から来た学生を厚遇して、反日学生を作っている。

私が都知事になったら日本人の大学生に奨学金を払う。外国人の生活保護をやめ、それで浮いた分を財源にする。約400億円ですよ」

そこに来ていたマスメディア関係者は僕一人だけだった。誤解のないように言っておくが、僕は桜井誠氏の言説に諸手を挙げて賛成はしない。ただし、演説で取り上げていた問題意識には首肯する部分も多々あった。全くメディアに取り上げられない候補であるにもかかわらず、そこにいた聴衆は熱を帯びていた。

結果、桜井氏は11万票あまりを獲得した。これは小池百合子氏、増田寛也氏、鳥越俊太郎氏、上杉隆氏という著名人候補に次ぐ5位だった。そんな彼は、川崎市に行っては、「レイシストをしばき隊」という左派の団体と小競り合いを繰り広げていた。それを取材に出かけては、産経ニュースに取り上げると、アクセス数はその日の上位5位くらいに入ってくるほどだった。

彼が都知事選で朝日や毎日、東京新聞はじめ主要メディアに一切無視されても5位に入るというのは社会現象だ。取り上げない理由がないし、文句があるなら桜井氏の演説の内容に異議を発すればいいのに、と思った。

東京MXテレビを巡る騒動

左派と右派の対立を目にする機会は格段に増えていった。

ある日、東京メトロポリタンテレビジョン（東京MXテレビ・以下MXテレビ）を巡って大騒動が起きた。2017年1月2日、MXテレビは「ニュース女子」という番組内で沖縄県東村《ひがしそん》高江《たかえ》のヘリパッド（ヘリコプター着陸帯）建設工事への反対運動を報じた。そのなかで、市民団体「のりこえねっと」のチラシを提示して、「往復の飛行機代相当5万円を支援します。あとは自力で頑張って下さい」と書かれている、と指摘し、反対運動をしている人々に日当が支払われている可能性がある、と伝えた。要するに何らかの組織に雇われたような人たちが動員されているのではないか、という指摘だ。また、反対運動の危険性を伝えるために、地元のトンネルに出向き「この先は危険だ」とリポーターが伝える様子も流した。

これに対して1月27日、のりこえねっとは、放送倫理・番組向上機構（BPO）に申し立てを行い、記者会見でMXテレビを批判した。組織の動員を否定するほか、番組の事実誤認や問題表現を指摘したのだ。これは多くの新聞が大きく紙面を割いて報道した。

この頃からMXテレビ前は、抗議する「市民」の姿であふれた。1月だけでも2回、2月に入っても抗議する人々がいるという。現場に是非、行ってみようと、2月2日、東京・麴町にあるMXテレビ本社前に行ってみた。

沖縄県から安次富浩《あしとみひろし》・ヘリ基地反対協議会代表（当時）も駆けつけ、「沖縄の人間として許せない」とハンドマイクを通して訴えた。本社前には警視庁の警察官も動員され、警察車両も何台か置かれ、本社の周囲はものものしい雰囲気になっていた。

とりあえず、参加者の声を聞こうと、目が合ったお年寄りの男性の方に近づき、「産経新聞ですが……」と声をかけた刹那、「産経？　右翼新聞だからダメだ」と鋭い声が返ってきた。

2月27日、MXテレビは「新たに取材をした上で、検証番組を放送する」との見解を出したが、抗議活動は止まらなかった（この番組は9月に放送された）。

この結果、番組の司会を務めていた東京新聞の長谷川幸洋《ゆきひろ》・論説副主幹は3月1日付人事で論説副主幹の職を解かれた。2月2日朝刊で、すでに東京新聞は深田実・論説主幹の名前で「事実に基づかない論評が含まれており到底同意できるものでもありません」「他メディアで起きたことではあっても責任と反省を深く感じています」などと大々的に報じていたから、予想されたことではあった。

僕は件の番組をリアルタイムで見ていた。相手側陣営のコメントを一切取らなかったのは軽率だったと思う。また、演出的な意味合いが強かったのだと思うが、二見杉田トンネルという、ヘリパッド工事の現場である高江から約40キロも離れた地点で「ここから先は危険」とリポーターが言ったのも余計だった。「大丈夫かいな」と危惧した。

ただ、沖縄の基地移設反対運動の一部に過激な行動を取る人がおり、地元住民の中に不満を持つ人や怖がる人がいたのもまた事実だ。

例えば山城博治《やましろひろじ》・沖縄平和運動センター議長（当時）は、２０１５年、16年と立て続けに米軍敷地内に許可なく侵入したり、有刺鉄線を許可なく切断して、米軍基地内に入ったりした器物損壊などの容疑で現行犯逮捕されたり、沖縄防衛局の職員にけがを負わせたとして、傷害や公務執行妨害などの容疑でも訴追されている（懲役2年、執行猶予3年の有罪判決が確定）。

「写すな、バカ野郎」

MXテレビの対応や長谷川氏の処分だけでは、左派は収まらなかった。

6月22日、「ニュース女子」の制作を手がけている「DHCテレビジョン」のスタジオがある共同通信会館（東京都・港区）に向かって、日比谷公園を100人近い左派のデモ隊がスタートした。

これに対抗して、同じくDHCテレビジョンが制作している「虎ノ門ニュース」では作家の百田尚樹《ひゃくたなおき》氏が「急遽《きゅうきょ》、生配信を行います」と言い出し、実際に生配信を行った。となれば、これも産経ニュースの記者としては、現場に行かない手はない。押っ取り刀で駆けつけると、デモ隊が「百田出て来い」「ふざけんなよ」と怒声を上げている。ハンドマイクからは「ヘイトより愛を」とコールが聞こえるのだが、デモ隊は愛からは程遠いほど殺気立っていた。

カメラを向けると、お年寄りの男性が「写すな、バカ野郎」と怒声を上げて、近づいてきた。思わず「写るのが前提でデモしているんじゃないのか」と言い返してしまった。男性はそのまま離れていった。

辛淑玉さんからの意外な答え

「ニュース女子」問題の回の放送から1年半以上経って、さらに新たな動きがあった。2018年7月20日、のりこえねっとで共同代表を務める辛淑玉《しんすご》氏が衆院議員会館内でMXテレビを相手取り、提訴したことを公表した。

「私の出自を使って、デマを流して、沖縄の平和運動を叩いたのです」

と辛さんは憤りを口にしていた。辛さんは在日韓国人3世の人材コンサルタント、政治運動家で、テレビ出演も多い有名人だ。このとき、僕は会見会場にいた。

質問の時間に移って、挙手をしたところ、当てられた。

「産経新聞の三枝と申します」と言ったとたん、前列に座っていた男女が一斉に振り向いた。目には敵意がみなぎっていた。「右翼新聞だから」なのか。

生唾を1回飲み込んでから、質問した。割合、他愛のない、他社と同じようなテイストの質問をした記憶がある。だが、辛さんの答は意外なものだった。

「この間は、私の講演に来て、記事にしてくれたわね。正確に書いてくれてありがとう」

概略、こんな返答だった。僕を睨みつけていた前列の数人の男女が「あれ？」という拍子抜けした顔になった。

「どうだ。見たか」と、僕の顔には書いてあっただろうと思う。これには理由があった。

前年の4月、辛淑玉さんの講演会がさいたま市で開かれた。ちょうどこのころ、「ニュース女子」問題で、「琉球新報、沖縄タイムスを正す県民・国民の会」代表の我那覇《がなは》真子《まさこ》さんが同年2月13日付で公開質問状を出していた。我那覇さんは、左派に対して厳しい立場を取っていることで知られる。しかし、これに辛さんは回答しなかった。

そこで公開質問状についてどう思うのか、訊いてみようと思ったわけだ。

この頃、辛さんはMXテレビに対して行った抗議活動が保守界隈の反発を買っていた。さいたま市での講演会は、渦中の人である辛さんが久しぶりに公に姿を見せるなら見てみよう、という野次馬意識で出かけたに過ぎなかった。が、辛さんは明らかに元気がなかった。

「戦争になって一番最初に殺されるのは私です」「北朝鮮がやっていることはかつての日本の模倣」と語ったあたりは相変わらずの辛淑玉節だったが、ひとりの初老の女性が「今まで共産党や社民党を応援してきたが、中国や北朝鮮の切迫した情勢のため、知人を説得できない」とマイクを握ったときは、複雑そうな顔をした。そして、「北朝鮮がやっていることは日本の模倣です。植民地がなければダメだと。北朝鮮がひどければひどいほど、なぜ心の痛みを感じないのかな、と思うんですね。ひどい国であればあるほど、その国に思いを馳せるのが大事じゃないですかね」と答えた。

僕は辛さんの言辞には毫も賛成しない。北朝鮮の現在の蛮行に、戦前の日本帝国主義に答を求め、さればこそ、北朝鮮のミサイルや拉致も甘受しろ、と言うに等しいように思え、これは看過できないと思った。だが、産経ニュースの読者であれば、辛さんの語った言葉を偽りなく掲載すれば、自分で判断するだろうと思ったので、そのままの形で紹介した。

あの時、辛さんは、産経新聞が来た、というので、一方的に悪口を書かれると思ったのかもしれない。だから「事実」を書いたことを意外に思い、憶えていてくれたのだろうか。

それから1年余、辛さんが「ありがとう」と言い、突き刺すような視線が「あれっ?」という感じで逸れた気がした時には、「ほら、見たか。これが公平な報道って言うんだ」と心の中で、あくまでも心の中で叫んだものである。

沖縄に関する偏向

「ニュース女子」問題については、外部から騒動の一部を取材したという立場だが、僕なりの考えと、その後の事実経過を簡単にまとめておこう。

「ニュース女子」の報道が不十分であったのは間違いない。特に当事者から話を聞いていなかったというのは、このように利害が鋭く対立するであろう話題については、必要最小限のやるべきことだったはずで、そこは番組としても落ち度だったと思う。MXテレビの放送した検証番組が、かなり反対運動に理解を示すスタンスになっていたのも、ある種の反省の意の表明だろう。

ただ、僕は辛さんの支援者たちがMXテレビを取り囲む行動に出たことには恐怖を感じたし、虎ノ門ニュースのスタジオに向かったデモ隊も殺気立っていて怖かった。

辛さんらの申し立てに対し、ＢＰＯは人権侵害と放送倫理上の問題があったとして、2018年3月に勧告。「ニュース女子」は同月をもって終了した。

2023年4月、最高裁でＤＨＣテレビジョンに対して、辛さんに550万円を支払うよう命じる判決が確定した。謝罪文のネット掲載も命じた。

一方で「ニュース女子」の司会、長谷川幸洋さんに対する賠償請求は棄却された。騒動の頃、長谷川さんは東京新聞の論説副主幹だった。長谷川さんのかつての著書『官僚との死闘七〇〇日』（講談社）などは国土交通省担当の時に愛読し、大いに参考にしたものだ。霞が関に切り込む骨太な論客だと今でも思っているが、東京新聞は騒動が起きた際、番組配信から1カ月後に「深い反省と謝罪」を表明し、長谷川さんを論説副主幹から外したのは前述の通りだ。

東京新聞は「ニュース女子」問題そのものよりも、自社の社員が沖縄の基地反対運動に対して批判的な立場であること自体を問題視していたようにも見える。近年、ともすれば朝日よりも左派的な主張を前面に打ち出してきている同紙にとっては、保守にも理解のある長谷川さんの存在はもともと目障りだったのではないか、という見方は否定できない。「ニュース女子」問題は、長谷川さんを処分、排除する格好の材料を提供したともいえる。

長谷川さん本人もそう考えたようだ。長谷川さんが「(主張の)違いを理由に私を処分するのは言論の自由に対する侵害」と述べたのはその通りだと思う。産経新聞論説委員兼政治部編集委員の阿比留瑠比さんが「閉じた言論空間に戦慄を覚えた」と産経新聞での連載コラム「極言御免」で書いていたのもむべなるかな、である。

このときに「ニュース女子」に対する批判の先頭に立った沖縄県の地元紙「琉球新報」は、かつて山城氏が沖縄県警に逮捕されたとき、「市民の逮捕送検　米軍の弾圧は許されない」という社説を掲載。威力業務妨害容疑で沖縄県警に逮捕された際には、沖縄タイムスが「露骨な政治的逮捕劇だ」と山城氏を擁護していた。

違法行為であっても、目的が自分たちの主張と合致していれば許されるかのような論調とも読み取れる。

沖縄県2紙に関しては、あまりにも報道が属人的過ぎはしないかという気がする。

17 マッド三枝、沖縄を行く

マッド三枝と呼ばれて

沖縄の平和運動家、山城博治さんを巡っては、思い出がある。山城さんと直接会ったわけではない。

彼が逮捕された前後に、彼が防衛局の職員を小突き回す動画が世間に流れ、話題になったことがあった。そのとき、編集局長が「沖縄の反基地運動を取材してきてくれよ」と僕に命じた。

ご丁寧に「マッド三枝が行く」という企画まで用意してくれ、犬が二本足で走っているような絵まで用意してあった。狂犬扱いか。どうやら石橋編集長と雑談している間に盛り上がって決めてしまったようだった。

編集局長曰く、「マッドだから、どこにでも突っ込んでいけるだろ。運動家の拠点に突入してきてくれよ。ヘッヘッヘ」。

どこまで本気なのか、判断しかねたが、一度は完全に干され、古巣の社会部からも距離を置かれていた僕を政治部OBの編集局幹部はいろいろと気にかけてくれていた。少なくとも僕はそう感じていた。

勇躍、翌朝には那覇に飛んだ。レンタカーを借りて、東村に宿を取った。地元の人によると、高江ヘリパッド反対運動の拠点は2カ所あり、ひとつは白いテントで共産党支持者が中心、もうひとつは青いテントで、こちらは社会民主党の支持者が中心、山城氏が率いるグループもこちらを拠点としているという。

ここで高江ヘリパッド問題をおさらいしておきたい。

この問題は、沖縄県北部の国頭村《くにがみそん》と東村にまたがるアメリカ海兵隊の北部訓練場の過半部分の返還の条件として、6カ所のヘリパッドを移設する工事計画に東村高江の区民総会が反対決議を採択したことに端を発する。2007年の着工時からテントを拠点とした座り込み運動が続いていたが、2015年、防衛省沖縄防衛局が沖縄県東村高江に2カ所のヘリパッドを建設、先行して提供したため、反対運動が激化、2016年7月からは残りのヘリパッドの建設工事が再開された。

反対運動は日に日に激化し、逮捕者が出るようにもなった。2016年8月25日朝、「レイシストをしばき隊」の関連団体である「男組」組長を名乗る人物がヘリパッド建設工事の現場で、防衛省沖縄防衛局職員に全治2週間のけがを負わせたとして、沖縄県警に現行犯逮捕された。そのまま傷害と公務執行妨害罪で起訴された（那覇地裁で懲役1年6月、執行猶予5年の有罪判決。2018年に死去）。

同年10月18日、再開された工事をN1地区ゲート前で警備していた大阪府警の若い機動隊員が住民に向かって「土人」と差別発言をしたとして、市民団体側が猛抗議、翁長《おなが》雄志《たけし》知事（当時）が「言語道断だ」と述べたことから、国会を巻き込んだ騒ぎになっていた。

ちょうど同じ時期に、山城氏は、東村でヘリパッド工事に伴うフェンスの設置作業を行っていた防衛局職員に暴行を加えたとして傷害などの容疑で逮捕されていた。

そんなさなか僕に彼らの拠点であるテントに「突入しろ」と指令が出たわけである。

地元の方は「白テントの共産党の方が穏健で、優しい人が多い。青テントの方は山城氏が率いているから気を付けた方が良いですね」と脅かす。しかも前日まで「一緒に行きましょう」と言っていたのに、朝になったら「僕がいると、かえってあちらを刺激してしまう」とのことで、結局、僕一人が行くことになってしまった。

まず県道沿いにある地元の人が穏健だといっていた白いテントの方から行くことにした。国道に面したテントを開けて声をかける。

「こんにちは～」

中から初老の男性が出てきた。産経新聞だと名乗ると、中に入れてくれた。

「私は東京で教員をやっていたんです。あちらの二人は大阪から」

拍子抜けするほどフレンドリーな対応で、コーヒーまで出してくれた。ただ、僕が座った丸テーブルに恐らくは支援者の名簿が開いた形で置いてあり、それに気づいた男性が黙ってそれを持って行った。僕はその名簿に目を落としていたので、視線が交錯した際は厳しい目をしていた。

3分ほど話しただろうか。やはり産経の記者を入れてしまったのはマズいと思ったのかもしれない。会話はあまり弾まなかった。そこにいた5人全員が東京と大阪の元公務員だった。チラリと見た名簿も神奈川県や東京都の人が多かった。

「年に何度かこの辺に泊まっている。協力者がいるので」と男性は言った。なるほど、東京や大阪から来た同志を泊める近在の人の家があるのか。

次に青いテントの方に行くことにした。N1裏テントと呼ばれているらしい。こちらはかなり狭い曲がりくねった道にあった。テントの前をゆっくり歩いて通り過ぎた。産経新聞記者だからといって、防衛局の職員のようにとっ捕まって暴行されることはないだろうが、その際の動画も見ていたので緊張した。

「見解の相違だね」

もう一度、もと来た道を戻ってみた。チラリと視線をやると、軽トラックに乗った二人の男性がこちらを見ている気がした。

情けないことにまた通り過ぎて、3回目にやっと声をかけた。

「産経新聞ですが……」

すると、刑事ドラマ「太陽にほえろ！」のロッキー刑事に風貌がそっくりな渋い感じの男性と、日に焼けた、ロッキー刑事よりはもう少し若い感じの青年が顔を出した。

軽トラックの運転席と助手席にいた二人だ。

少し緊張した。だが若い方の青年が発した言葉は意外なものだった。

「俺はね、産経新聞を評価してんのよ」

2016年2月1日、産経新聞は1面トップで『辺野古工事　春以降へ延期』との4段見出しで、「防衛省が米軍普天間飛行場（沖縄県宜野湾市）の名護市辺野古移設で、辺野古沖の護岸工事の着手を当面見送ることが31日、分かった」との書き出しで始まる記事を掲載した。それを指しているようだった。この記事は、地元で反対運動をしている人々を大いに喜ばせたらしい。

「ああ、あの記事ですか」

実は熟読していたわけでもないのだが、さも知っているように返した。

「産経新聞にさ、重要な人物を紹介するよ」

その青年が携帯電話でどこかと話をつけると、

「30分もしたら軽自動車が来るから、それに着いて行って」と言う。

その辺をブラブラしていたら、本当に30分ほどで軽乗用車がやってきた。待ち合わせた駐車場で、車から降りてきた女性は、そこら辺で井戸端会議でも楽しそうにしていそうな愛想の良い人だった。

「ちょっと長い時間になりますが、着いて来てください」と言ってその女性は県道を南下し始めた。どこに行くのか聞いていなかったが、ひたすら山道を走ったので、うつらうつらしてきた。「危ないな……」と思って、前を見ると、件の軽乗用車も左右にフラフラしていた。

1時間半ほど走っただろうか。大宜味村《おおぎみそん》に入った。そこからは一人では絶対に来ることができないな、と思うほど複雑に道を行き来した。

女性は何度もそこに行っているのか、迷うこともなく器用に進んでいく。外も暗くなってきた。帰れるだろうか。少し不安になってきた。

ある小さな平屋建ての、こぎれいな家の前に車は停まった。中からメガネをかけた小柄な男性が「やあ、やあ」と女性に笑顔を見せながら僕を中に招じた。

途中で居眠りしそうになったというと、女性も「私もそうなのよ。アッハッハ」と笑った。やはり辛かったんだ……。彼女はすぐに帰って行った。僕を道案内するだけで、居眠り運転寸前になるほどの長距離を走らせてしまって申し訳ない気持ちになった。

男性は胡坐《あぐら》をかくと、様々な写真を僕に見せた。そのうちの1枚を手に取ると、

「これはノグチゲラの巣です。こんなところに国はヘリパッドを作ると言っているんだ」

土木技師だったという男性は口角泡を飛ばして僕に訴えた。確かに絶滅危惧種の鳥の営巣地で工事をするとなると、問題なしとは言えない。ただ、気になることがあった。いろいろな訴えを聞いた後、そろそろ帰ろうかという頃合いに訊いた。

「すみません。この写真、どうやって撮ったんですか？　建設予定地の中に入っていませんか？」

「入りましたよ。当たり前じゃないですか。入らなければこんな決定的な写真は撮れない」

「それはさすがにまずくないですか？　不法侵入ですよ」

と言うと、男性は口を尖らせた。

「琉球新報や沖縄タイムスだけじゃない。朝日も毎日も東京も写真を報じましたよ。なぜ産経はそんなこと言うんですか？　報じないって言うんですか」

「いえ、報じないとは言いませんが、いかなる手段で写真を撮ったか、というのは後々、問題になる恐れもあって……」

ケチをつけたかったわけではない。僕の言っていることは、通常の報道では必要な確認事項である。いかに目的が立派でも、非合法な手段の「証拠」を採用するのには慎重でなければならないと思う。

その後、10分も言い合いをしていただろうか。最後は男性の方が折れて「まあ、見解の相違ということかね」と言った。僕も「そうなりますかね」と応じた。

かなり後になって分かったことだが、男性はある傷害事件の被害者だった。彼がヘリパッドの工事現場に続く道で支援者とともに「検問」をしていたところ、通りかかった地元住民の男性とトラブルになった。結果、この地元住民が男性を投げ飛ばしたというのだ。

地元住民は観光業を営んでおり、オーストラリア人の観光客を乗せて現場を通りかかったのだが、そこで誰何《すいか》され、引き返すように言われ、激高したのだという。

事件そのものは投げ飛ばした側が有罪判決を受けて終わったというが、「検問」はさすがにやりすぎではないか、と思った。それでも沖縄の活動家たちは、東京の活動家のように口汚く罵ってきたり、「産経は極右だ」などと言ってきたりすることは一度もなかった。

沖縄の不安定さ

後日、辺野古にも行った。2017年3月25日、辺野古で行われた「違法な埋め立て工事の即時中止・辺野古新基地建設断念を求める県民集会」(辺野古新基地を造らせないオール沖縄会議主催)で、キャンプ・シュワブのゲート前に停められた街宣車で翁長知事はこう演説した。

「新辺野古基地を埋め立てる国のやり方は、占領下の銃剣とブルドーザー、全く同じ手法だ」

やんやの喝采だった。

街宣車に乗って次々に壇上で国会議員らの演説が続く。保釈された沖縄平和運動センターの山城議長の姿も見えた。彼は「安倍政権の暴力には屈しない」と述べたが、防衛局職員に暴力をふるったのはあなたではないんですか、と心の中でつぶやいた。

その後は照屋《てるや》寛徳《かんとく》衆院議員(社民党)、赤嶺政賢《あかみねせいけん》衆院議員(共産党)、玉城《たまき》デニー衆院議員(自由党)と続いた。たまげたのは、仲里利信衆院議員(無所属)の演説だった。

翁長雄志知事が自民党にいたときに、ともに自民党にいた仲里氏はこう言った。

「このようなことが、こんな中で続くんだったら(辺野古基地移設の動きのこと)、ワリーチャー（我々は）独立をして、ワッター、ウチナー（我々沖縄人）は生きていける、こんだけの気概をもってやらなくちゃ、安倍政権を倒すことはできない」

一方で、その仲里氏は2022年、玉城デニー・沖縄県知事が2期目の知事選に出馬する際に後援会長を引き受けた。その仲里氏は出陣式でこう言った。

「琉球沖縄と福建省は友好締結をやっています。これは今から25年前、大田（昌秀）県政のとき、1周年に私は呼ばれて、盛大な歓待を受けました。そのときの省長が今の習近平主席であります（注・当時は省長ではないので事実誤認と思われる）。これからはやはり世界に目を向けて、我々から琉球と中国は昔からの友好関係にある国だということで、是非、玉城知事には当選してもらって、ウチナーを救ってほしい」

つまり米軍普天間基地の名護市辺野古への移設は意地でも反対して、沖縄は中国と友好関係を進めていきたいというのである。

自由主義国家アメリカよりも、香港を弾圧し、ウイグルを弾圧し、チベットで暴虐を働き、自由を抑圧する国家の主席からもらった掛け軸を前に、誇らしげに語る人が後援会長であるから、玉城デニー県政も中国に宥和的な態度をとるのは当然といえるかもしれない。

中国の思惑通りに進んでいる

公安調査庁は2017年の「内外情勢の回顧と展望」の中で、次のように指摘している。

中国側は在日米軍基地が集中する沖縄で「琉球からの全基地撤去」を掲げる「琉球独立勢力」に接近したりするなど、中国に有利な世論形成を図るような動きを見せた、と。

仲里氏が沖縄県をことさらに「琉球」と呼ぶことに、「中国様」からの影響はないのだろうか。

2016年8月、中国共産党の機関紙、環球時報は「琉球の帰属は未定。琉球を沖縄と呼んではならぬ」とする論文を掲載している。尖閣諸島では飽き足らず、沖縄県にも触手を伸ばしていることは明白なのに、地元紙は公安調査庁のレポートについて、内容に反駁することもなく「沖縄へのヘイトスピーチだ」の一言で切って捨てる。

2023年11月2日、沖縄タイムスの宮城栄作編集局長は、中国中央広播電視総台(チャイナ・メディア・グループ、CMG)のインタビューに応じ、「沖縄の米軍基地問題は地元住民に大きな負担を強いているにもかかわらず、政府が民意を無視して移設推進を堅持するのは、正当なやり方ではない」と述べている。

ＣＭＧとは中華人民共和国の公共放送機構であり、中国政府国務院直属の中国共産党中央宣伝部が指揮している。ご案内の通り、中国で言論は厳しく抑圧されている上、ウイグル、チベット、香港と暴虐な弾圧を繰り返してきている。

米軍基地の移設に問題点は多々あれど、いくら何でも中国共産党の宣伝部の宣伝に乗って、メディアの編集責任者が「米軍基地は要らない」と述べる。これほど危険なことがあるだろうか。沖縄メディアは別世界のようだ。

辺野古を歩くと、地元住民のうち直接話を聞いた住民は全て「基地移設賛成」だった。実は辺野古地区の住民と米軍は非常に良好な関係を保っており、キャンプ・シュワブでは毎年12月、辺野古地区の子供たちを招いてクリスマスイベントを開いている。

地元紙はこれをほとんど報じない。

話を聞いた30歳代の男性は、産経新聞と名乗った刹那、堰《せき》を切ったように話し出した。

「見てくださいよ。この路上駐車の車。これ、皆、反対運動に参加するために県内のよそから来た車なんですよ。これがしょっちゅうなんですから。僕はこうした車のせいで職場に遅刻して怒られたことがある。基地に対する賛成、反対の前に常識がない」

ほかにも7~8人聞いたが、全員が「賛成」だった。ただ意思表示をしない人も数人いた。お年寄りだ。皆、「産経新聞ですが」と言っただけで、気恥ずかしそうな笑みを浮かべて家の中に入ってしまう。

地元の区長さんに後で聞くと「ある程度の年齢になっている人は産経新聞もほかの新聞と同じように見えるんですよ。何も言わない方が良い、と思っているんですよ」と解説してくれた。

少なくとも明確に反対、と言った人はいなかった。区長さんによると、反対の意思表示をしている地元住民は一人、二人といった程度だという。これには心底驚いてしまった。辺野古といえば、地元の人たちは当然、強硬に反対していると思い込んでいたからだ。

高江は若干、様子が違っていた。「私はヘリパッドの建設には反対です」と明確に述べた地元住民もかなりいた。だが、辺野古は対照的だった。

琉球新報や沖縄タイムスは米軍を目の敵にする。「オスプレイは煙を巻き上げ、地元住民の洗濯物が汚れた」という類の記事を社会面で大々的に報じたことがある。

一方で、連日、尖閣諸島沖に現れ、沖縄県の漁船を追いかけ回す中国海警局には寛大だ。僕が沖縄にいた間も海警局の船は現れていたが、殆ど報じられていなかった。

沖縄県は自ら国を提訴しておきながら、最高裁で敗訴が確定すると、玉城デニー・沖縄県知事は「新基地の断念を求めるという意思に全く変わりはない」と述べた。

だが沖縄タイムスによると、玉城知事の心は揺れ動いていたらしい。国交相の承認指示の期限まで4日と迫った2023年9月30日夕、県庁近くの玉城知事の後援会事務所で、玉城知事に後援会長の仲里利信氏がこう詰め寄ったのだという。

「全て終わる。絶対に承認してはいけない」

玉城知事が「承認拒否」。つまり最高裁判決に従わない、法治主義をかなぐり捨てた瞬間だった。この決定の背後にも「琉球独立派」の仲里氏の影があった。

沖縄はまさに中国の思惑通りに進んでいる。

基地移設を新基地建設と言い換え、徹頭徹尾、米軍普天間基地の名護市辺野古への移設に反対を唱えてきた地元メディア。

彼らは米軍＝悪、中国＝友好国と単純化したドグマに囚われているとしか思えない。

今や沖縄・辺野古の反対運動には革マル派などの過激派も堂々と姿を見せている。ゲート前を歩いてみると良い。彼らの機関紙を手渡されるだろう。

あとがき

1991年に入社したときは、新聞業界の部数が激減し、自分がリストラされる時代が来るとは思っていなかった。定年退職しか考えていなかったし、中途退社をする心の準備もしていなかった。

新聞業界の氷河期に平仄《ひょうそく》を合わせるように、記者クラブからの脱退、総支局の閉鎖などが続いている。朝日新聞や毎日新聞も中京地区や西日本の夕刊を廃止するなど、パイは縮小する一方だ。

SNSで「裏側」が見えてしまう社会が到来したというのに、新聞は未だにガラパゴス的な報道を続けている。自分たちの陣営に近い政治家の不祥事になると、途端に追及が甘くなったり、自分たちの主義主張から遠い政治家にレッテルを貼って攻撃したりする傾向が以前より強まっている気がする。

事件、事故や国税局の税務調査のような手間のかかる割にコストパフォーマンスが悪い取材は敬遠されている。会社を辞めて、外から業界を見ていると、余計にその感を強くする。部数の低下→経費の節減、リストラ、取材態勢の縮小→取材力の低下、という負のスパイラルに新聞社が陥っているのは間違いない。記者クラブにいても、一人当たりの労働量は増大するばかりで、役所の不祥事の発掘など不可能だろうし、金のかかる「夜討ち朝駆け」などという言葉はほどなく死語になると思う。それよりも左派紙なら左派が喜ぶようなオピニオンに沿った事象を取り上げた方が経費も安くすみ、経済的なのかもしれない。

本書がそうした新聞社の姿勢に対する問題提起になっているかは、甚だ自信はないが、単なる「あの時代は良かった」というノスタルジーではない、ということだけはご理解いただきたい。

現職中に事件、事故をともに追いかけた産経新聞同僚諸兄や心優しい諸先輩にも、甚だご迷惑をおかけしたかもしれないが、深謝の念を表したい。

またこの不景気のさなか、新聞業界に飛び込んだ勇気ある若い方、本書を手に取ってくださった方が「三枝って奴の本、バカバカしいけど、面白いな」と酒の席でつまみにでもして下さったらこれ以上の幸甚はありません。

筆者

三枝玄太郎　1967年生まれ。早稲田大学政治経済学部卒業。産経新聞社で警視庁、国税庁などを担当。2019年に退職し、フリーライターに。著書に『十九歳の無念　須藤正和さんリンチ殺人事件』など。

Ⓢ新潮新書

1044

メディアはなぜ左傾化《さけいか》するのか
産経記者受難記《さんけいきしゃじゅなんき》

著　者　三枝玄太郎《さいぐさげんたろう》

2024年５月20日　発行
2024年８月５日　４刷

発行者　佐　藤　隆　信

発行所　株式会社 新潮社
〒162-8711　東京都新宿区矢来町71番地
編集部(03)3266-5430　読者係(03)3266-5111
https://www.shinchosha.co.jp
装幀　新潮社装幀室

印刷所　錦明印刷株式会社

製本所　錦明印刷株式会社

ISBN978-4-10-611044-3　C0236

価格はカバーに表示してあります。